JN440366

개정증보판

19세기 제주 '양제해 모변사'의 새로운 해석

耽羅職方說

탐라직방설

이강회 지음
현행복 옮김
심경호 감수

개정증보판

耽羅職方說 탐라직방설

초판 인쇄 2013년 12월 1일
초판 발행 2013년 12월 3일

지은이 이강회
옮긴이 현행복

펴낸이 박경훈
펴낸곳 도서출판 각

도서출판 각
주소 제주도 제주시 삼도2동 108-16 2F
전화 064-725-4410
전송 064-759-4410
등록번호 제80호
등록일 1999년 2월 13일

ISBN 978-89-6208-101-5 93900

값 20,000원

※ 잘못된 책은 서점에서 바꿔드립니다.

※ 이 책은 제주문화예술재단의 문화정책사업지원금을 일부 받아 제작되었습니다.

개정증보판

19세기 제주 '양제해 모변사'의 새로운 해석

耽羅職方說

탐라직방설

이강회 지음
현행복 옮김
심경호 감수

양제해의 묘와 비문

司直公

年辛巳五月六日卒
墓涯月邑上貴里一一一九番地內巳坐
配濟州高氏
墓涯月邑水山里四三〇番地巽坐

子廷燮 정섭
留鄕別監
西紀一七四九年生壬申八月十四日卒
墓我羅里九呼林員丁坐有碣
配羅州金氏父鄕貢進士萬謙忌五月六日
墓合祔

子義楫 의즙
墓水山里水山峰西中層巽坐
配濟州高氏
墓水山南穴田未坐

子濟海 제해
西紀一七七〇年生留鄕別監 純祖癸酉十一月十六日卒
墓我羅里巨馬西邊德垈巳坐有碣
配軍威吳氏父光斌英祖戊子生 純祖甲午十一月二日卒
墓我羅里北邊東九呼林丁坐有碣
有三男
配水原白氏乙未生忌己亥八月二十九日
墓我羅里巨馬西邊鍾聲旨丁坐有碣有一男

子世弘 見二卷八四

子日會 見二卷八四

子日信 見二卷八七

子日彬 見二卷八八

子日瑞 見二卷九三

墓涯月面水山峰西中腰巽坐
配李氏
墓與公雙墳

起岑—廷燮—濟海

日會 見一卷五五
西紀一七九二年壬子生一八一四年甲戌三月六日卒
墓我羅里濟公員丁坐 移墓我羅里山十一番地家

墓上無道川南鳥水員東向
配李氏

子重玉 중옥
初諱翕
西紀一八〇八年戊辰生文學高明善事父母之孝行知名於世見三綱錄一八五八年戊午五月十七日卒

子成松
西紀一八三
己亥生一八
年己未三月
四日卒
墓我羅里巨
西邊納田丁
移墓于上同

墓地有碣
配金海金氏父廈官益剛西紀一七八八年戊申生西紀一八三六年丙申五月二十七日卒
墓與公同原 移墓于右同家族墓地有碣

墓我羅里北邊亦巳磊巳坐移墓于上同家族墓地
配濟州高氏父昶赫西紀一八〇九年己巳生一八六八年戊辰十月十三日卒
墓月坪境巨利田巳坐 移墓于上同家族墓地

墓地

子成弘
西紀一八四
甲辰生留鄕
一九〇〇年
七月八日卒
墓二所場
窟丁坐
配晋州姜氏父
西紀一八四
乙巳生一九
年乙巳五月
日卒
墓月坪里

『제주양씨성주공파대동보』 1, 2권 중에서

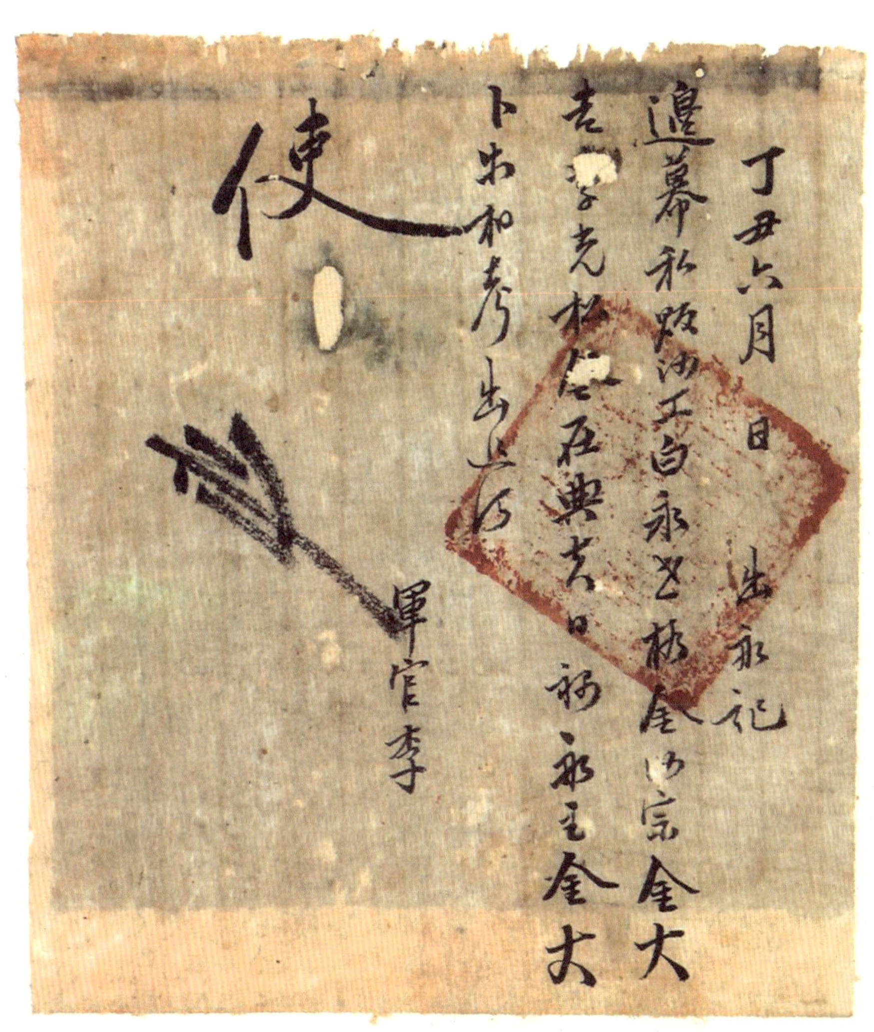

丁丑六月 日 出船記

使

軍官 李

출선기(出船記) 〈제주대학교박물관 소장〉

『조선팔도여지전도(朝鮮八道輿地全圖)』 중 부분도 (1700년대)

〈개정판에 부쳐〉

역주본 『탐라직방설』을 2008년에 처음 낸 이후 5년 만에 이의 개정판을 내게 되었다.

돌아보면, 이 책을 처음 소개하면서 '탐라문화에 대한 관심과 열정 하나로 역사에 바탕을 둔 예술활동의 시도야말로 이 시대를 이끌어 가는 일이 될 것' 이라는 막연한 기대에서 출발했었다. 그러나 이런 소박한 기대와는 달리, 이 책이 제주사회에 던진 충격과 파장은 전연 예상 밖이었다. 그만큼 이 책이 지닌 제주 향토사 사료로서의 진중한 가치와 더불어, 역사적 사건에 대한 실체 규명작업에 있어 구체적 정황을 들며 사실에 접근하려는 인식이 놀라우리만치 돋보인다는 점이다.

이 책 초판이 나온 얼마 뒤에 양제해 묘를 직접 찾아가서 그의 묘지 앞 제석에 이 책을 올려놓고는 이런 주문을 되뇌기도 했다.

"님의 숭고한 죽음이 헛되지 않았음을 밝힌 이 책을 님의 제단에 바칩니다. 부디 제주 백성들에 대한 원한을 푸옵시고 영면하소서."

아울러 양씨 집안의 족보를 찾아 확인하면서 새로운 사실 한 가지를 확인하기도 했다. 지금까지 양제해의 장인으로만 알려진 김익강이 양제해와 사돈관계임을 찾아낸 것이다. 곧, 양제해의 장남 양일회의 처가 김익강의 딸이란 사실이다(이 책 「상찬계시말」의 '김익강전' 참조).

이 책 초판을 통해 『탐라직방설』이라는 서물(書物)의 존재 확인과 저자인 이강회라는 인물의 소개에 그 의미를 찾을 수 있었다면, 이번 개정판은 텍스트의 충실한 내용 소개에 그 초점을 맞추었다.

따라서 이번 개정판에서는 이전의 책에서 잘못 읽은 부분 여러 곳을 바로잡았고, 몇 군데 역주도 새로 추가하였다. 고마운 일은 심경호(고려대) 교수께서 감수의 일로 노고를 아끼지 않은 점이다.

때마침 올해는 '양제해 옥사'가 발생한 지 꼭 200주년이 되는 해이다. "진실은 순수한 적이 드물고 단순한 적은 없다."라고 한 말에 주목해 본다. 역사의 현장에서 늘 문제시되곤 하는 '사실(fact)과 진실(truth)'의 간격이 이 책을 통해서 좁혀질 수 있다면 퍽 다행이 아닐 수 없다.

그러고 보면 이 책 『탐라직방설』의 소개는 완료형이라기보다는 진행형이라고 봄이 더 타당할 것이란 생각도 든다. 강호 제현의 아낌없는 질정과 독려를 바라 마지않는다.

끝으로 의인 양제해의 추모 사업에 특별한 관심을 쏟으며 흔쾌히 출판을 맡은 도서출판 '각'의 각형(覺馨)께 감사드린다.

2013년 초겨울 문턱에서

옮긴이 현행복

- 차례 -

《일러두기》

1. 이 책은 현재 일본 교토대((京都大) 하합문고(河合文庫) 소장의 『탐라직방설(耽羅職方說)』(필사본)을 저본으로 삼아 번역했다.

2. 이 책은 크게 세 부분으로 나눠 〈해제(解題)〉·〈본문〉·〈필사원문〉의 순으로 구성했다.
  (1) 〈해제(解題)〉에선 이 책의 저자인 이강회(李綱會)에 대한 소개와 아울러 『탐라직방설(耽羅職方說)』의 구성체계 및 내용 소개를 간략히 정리했다. 특히 저자 소개 부분은 신안문화원에서 발간한 『유암총서』(2005)와 『운곡잡저(2)』(2007)의 〈해제〉를 각각 참조했다.
  (2) 〈본문〉에선 먼저 【讀原文】을 제시하고 아울러 【역문】을 소개했다.
  【讀原文】: 가능한 필사원문에 실린 한자의 형태를 고치지 않고 그대로 살려 소개하려 했으며, 저자의 원의(原意)를 훼손시키지 않아야 한다는 점에서 일부러 띄어쓰기나 문장부호의 덧붙임을 시도하지 않았다. 자체(字體)가 희미하거나 도저히 읽을 수 없는 글자인 경우 □로 남겨두었다. 아울러 원문에서 필요한 부분은 역자주를 좌·우 여백에 실었다.
  【역문】: 가능하면 직역을 원칙으로 하되 내용의 전달에 충실하려고 노력하였다.
  (3) 〈필사원문〉의 소개는 이 책 필사본을 축소해 책의 끝장에서부터 세로형으로 읽기 편리하도록 배치해 쪽수를 달았다.

3. 이 책 제1권의 저술체계는 고전 경서류의 독해법과 유사한 방식인 〈서(序)〉·〈강(綱)〉·〈설(說)〉·〈안(案)〉·〈주(註)〉의 다섯 부분으로 나뉘어 서술된 특성이 있다. 그 특징을 살리기 위해 원문의 〈강(綱)〉에 해당하는 부분인 경우 바탕색을 깔아 다른 글과 차별화하였으며, 원주(原註)는 작은 글씨체로 원문의 기술형식과 동일하게 배치시켜 놓았다.

4. 〈참고문헌〉의 소개는 〈해제〉뿐만 아니라 〈본문〉에 참조한 모든 자료를 포함시켰다.

5. 이 책의 번역상 나타날 수 있는 오류는 순전히 역자의 몫으로 강호 제현의 질정을 고대한다.

『탐라직방설(耽羅職方說)』《해제(解題)》

현 행 복

들어가는 글

200년 전 제주 섬에는 어떤 일들이 벌어졌던 것일까?

과거로의 여행은 늘 호기심과 함께 긴장의 끈을 조이며 다가서게 만든다. 우연한 기회에 『탐라직방설(耽羅職方說)』이라는 책을 보게 되었다.[1] 이 책의 저자인 이강회(李綱會)란 사람은 한국의 역사학계에선 낯선 인물이었고, 게다가 이 책의 표제로 내세운 '직방(職方)' 이란 말은 국어사전에서조차 찾아볼 수 없는 생소한 단어였다. 더구나 이 책 제2권의 주요 내용인 '상찬계(相贊契)' 란 조직의 명칭 또한 새삼스럽기는 매한가지였다.

결국 '탐라의 역사에 대한 무지(無知)의 소산' 이란 자책감과 함께 보다 적극적인 연구의 필요성을 절감했다. 우선 이 소중한 자료를 나 혼자만

1 필자가 『탐라직방설(耽羅職方說)』(필사본)이란 책을 구입하게 된 경위는 이렇다. 평소 애용하는 한 헌책방에서 우연히 『운곡잡저』(신안문화원 간)라는 책을 발견하고는 거기에서 처음으로 이강회라는 사람을 알았다. 그 후 신안문화원에 부탁하여 이강회의 다른 저술인 『유암총서』와 『탐라직방설』을 얻을 수 있었다. 그때 신안문화원 최성환 사무국장이 필자에게 책을 보내면서 이런 내용의 서신을 동봉했다. "부탁하신 '탐라직방설' 복사본 자료를 보내드립니다. … 유암총서를 보면 제주도문화원 쪽에서 관심 있는 사람이 연락할 수도 있겠다고 생각했었는데, 뜻밖에 성악하시는 분께 처음 연락을 받았네요…." 이 면을 빌려 일면식도 없던 필자에게 흔쾌히 소중한 자료를 보내주신 최성환 선생께 감사드린다.

간직할 게 아니라 여러 사람이 함께 공유할 수 있도록 널리 소개할 필요가 있다고 생각했다.

우선 원문[2]의 한자 하나하나를 옮기는 작업을 먼저 시작했다. 그러고 나서 우리말로 번역을 시도했고, 최종적으로 각주 작업을 병행했다. 약 두 달 남짓의 기간 동안 즐거운 마음으로 임했다. 누가 시켜서 한 일이 아니고 순전히 나의 지적 호기심과 탐라문화에 대한 관심의 발로에서 시작한 일이기에 그랬다.

그러나 막상 작업에 임하는 순간 이게 결코 만만한 작업이 아님을 실감해야 했다. 특히 제2권의 「상찬계시말(相贊契始末)」 부분에서 옥사(獄事)와 관련된 법률 용어가 많이 등장했고, 격정적인 부분에선 저자의 솔직한 감정을 거침없이 쏟아내는 문장 표현 구사도 있어 적잖이 당황케 했다.

이 책의 큰 특징은 무엇보다 19세기 초 제주사회의 실상을 잘 보여주고 있다는 점이다. 흔히 세상에 '양제해 모변사(謀變事)'로 각인된 이 사건은 저자의 「상찬계시말(相贊契始末)」을 통해 새로운 역사 인식의 지평을 열었다고 해야 옳을 것이다. 특히 19세기 초 제주의 군사 · 지리적 상황을 『주례(周禮)』의 서술 관점에 대비시켜 설명함도 퍽 이채로운 점이다.

2 이 책에서 '원문'의 소개는 두가지 형태로 시도하였다.
첫째는 〈필사원문(筆寫原文)〉이다. 필자가 번역의 대상물로 삼은 것으로서, 현재 이것은 일본 교토대 하합문고 소장본으로 알려져 있다. 그런데 이강회의 원 저작물로 알려진 『유암총서』, 『운곡잡저』의 영인본(影印本)과 비교할 때 그 서체가 다름을 확인할 수 있다. 따라서 현재 전해지는 『탐라직방설』은 필사본이란 사실을 짐작케 한다.
둘째는 〈독원문(讀原文)〉이다. 바로 필자가 필사본의 내용을 그대로 옮겨 〈역문〉 앞에 소개한 것이다. 대개 한문으로 된 원저를 번역하여 소개할 때 이 부분을 아예 생략하는 경우도 종종 있다. 하지만 이 책에서는 번역의 일차적 단계인 '독원문(讀原文)'을 비중 있게 처리하여 번역문 앞에 배치시켜 놓았다. 그리고 저자의 원의(原意)를 왜곡시키지 않는다는 차원에서 역자의 임의대로 띄어쓰기와 문장부호의 덧붙임을 시도하지 않았다.

특히 이 책 제1권의 서술 체계는 대개 경서류(經書類)의 고전 해석법을 차용하고 있다고 여겨진다. 즉, 크게 서(序)·강(綱)·설(說)·안(案)·주(註)의 형태로 짜여 있다. 곧 맨 처음 서론(序論) 부분에서 저자 자신의 저술동기 등을 간략히 약술하고, 이어서 일반론적 주제의 대강(大綱)을 제시한 다음, 여기에 자세한 설명을 덧붙여 이해를 도모하고, 아울러 자신의 주관적 해석을 덧붙이며, 미세한 부분은 주석을 달아 부연설명을 시도하고 있다.

흔히들 역사는 전투에서 승리한 자의 전리품처럼 그런 관점에서 기록되고 이해되기 십상이다. 그러나 이 책은 어찌 보면 실패한 민중의 시각에서 '역사 거꾸로 보기'를 시도했다고 봄이 더 타당할 듯 싶다.

이강회(李綱會), 그는 과연 누구인가?

다산 정약용의 수제자, 이강회

이강회(李綱會, 1789~?)는 다산 정약용(茶山 丁若鏞)이 유배지 강진(康津)에서 가르친 제자 중 한 사람이다. 정약용의 제자들에 관해 기록한 「다신계절목(茶神契節目)」에는 제자들의 좌목(座目)을 기록하였는데 이강회의 형제를 좌목의 첫 자리에 배치하였다. 즉, 그의 형인 이유회(李維會, 1784~1830)가 첫 번째이고, 두 번째가 바로 이강회인 것이다. 이는 곧 이강회가 형인 이유회와 더불어 스승 정약용의 수제자였음을 입증하는 사례라 하겠다.

그렇다면 어떻게 해서 이강회가 다산학단(茶山學團)의 일원이 될 수 있었을까? 여기에는 고산(孤山) 윤선도(尹善道, 1587~1671)와의 관련성이 있음을 미루어 짐작할 수 있다. 즉, 이강회의 5대조 이보만(李保晩)이 바로 윤선도의 사위로서 강진(康津)에 처음 거주하였다. 다산 정약용이 강진에서 18년간이나 유배생활을 하는 데 해남윤씨의 도움이 직·간접적으로 크게 작용했다. 마침 정약용의 생모 역시 해남윤씨였기 때문이다. 그래서 해남윤씨와 이강회의 집안에서 자연스럽게 이들 두 형제를 정약용의 제자로 추천했던 것으로 보인다.

이강회에 대한 더욱 확실한 기록은 그의 저술 『운곡잡저(雲谷雜櫡)』「증언시홍량(贈言施洪量)」에 잠깐 소개되고 있다.

> "아! 나는 백 리 멀리 고향집을 떠나 이곳 바닷가 집에 숨어든 지 다섯 달이 되었다. 지금 한창 『주관연의(周官演義)』를 쓰고 있는 중인데 아직 전편을 끝내지 못했으나 「천관(天官)」 10권은 이미 써서 책 상자에 보관하고 있다…(중략)
>
> 가경(嘉慶) 기묘(己卯, 1819)년 3월 4일 현주서실(玄洲書室)에서

쓴다. 나의 성(姓)은 이(李), 이름은 강회(綱會), 호는 운곡일인(雲谷逸人)이라 칭하며, 사는 곳은 강진현(康津縣) 남쪽 벽촌이고, 지금 나이는 31세이다.

일찍이 과문(科文)에 달아났다가 이제야 경술(經術)로 돌아왔다. 무인(戊寅, 1818)년 겨울에 이 섬에 은거하여 지금 한창 『주례(周禮)』를 공부하는 중이다…(후략)"

〈嗟余百里去鄉五朔離家隱淪海屋方迹周官演義未了一篇天官已得十卷笥藏(中略)歲嘉慶己卯三月四日書于玄洲書屋鄙姓李名綱會號稱雲谷逸人居康津縣南陬時年三十一早逃科文晚歸經術歲戊寅冬隱居是洲方攻周禮(後略)〉[3]

3 이강회(김정섭 외 1 공역), 『운곡잡저(권2)』(신안문화원, 2007), 61, 63쪽. 한편 「증언시홍량(贈言施洪量)」은 그의 또 다른 저서 『현주만록(玄洲漫錄)』의 맨 끝부분에 실려 있기도 하다.

위의 글 「증언시홍량(贈言施洪量)」은 저자인 이강회가 1818년 겨울에 흑산도로 건너가 문순득(文淳得)의 집에 머물며 연구를 할 때 마침 그곳에 표류한 중국선박에 직접 찾아가 유일하게 필담(筆談)을 주고받았던 시홍량(施洪量)이라는 선원에게 전별(餞別)하며 준 글 중 일부이다. 위의 내용을 보면 이강회(李綱會)란 인물의 대강을 짐작해볼 수 있다. 즉, 그는 당시 나이 31세인 강진(康津) 출신의 한 선비로서, 이미 과거시험을 포기하고 경술(經術) 연구로 돌아섰음을 고백하고 있다. 그의 경술 연구대상으로는 『주관(周官)』, 즉 『주례(周禮)』이며, 이에 대해 이미 어느 정도 가시적인 성과가 있음을 내비치고 있기도 하다.

한편 정약용은, 당시 흑산도에서 유배생활을 하던 중형(仲兄) 정약전(丁若銓)에게 보낸 편지글에서 이강회를 두고 '발분하여 경예지학(經禮之學)에 전심전력하는 사람' 이라고 소개하고 있기까지 하다.

"지금까지 『논어(論語)』 저술에 착수하지 않은 이유는 사서(四書)라는 밭에는 버려진 나락이 없을 것이라 생각해서였습니다. 그런데 굉보(紘父, 이강회의 字)가 과거를 보고 오더니만 발분하여 경학(經學) · 예학(禮學)에 몸을 던졌습니다. 그에게 떠밀려서 안경을 쓰고 『논어』 저술에 임하지 않을 수 없게 되었습니다."

〈至今不爲論語之役者謂四書之田必無遺秉矣紘父自科還發憤歸身於經禮之學爲其所困不得不著靉靆而臨之〉4

4 정약용, 「답중씨(答仲氏)」『여유당전서(與猶堂全書)(제1집)』 권20, 장29. 재인용 『유암총서(柳菴叢書)』(신안문화원, 2005), 26쪽.

위의 글에 나타나 있듯이 이강회는 과거보기를 포기하고 경학과 예학의 연구로 방향전환을 하였고, 스승인 정약용에게 『논어』의 저술활동을 적극 도우면서 충동하는 사실을 밝히고 있다.

한편 '전방위적 지식경영인 정약용의 치학(治學)전략' 이란 부제를 단 정민 교수의 『다산선생 지식경영법』에서는 이강회를 두고 '경전연구에서 뛰어난 역량을 보인 다산의 제자' 라고

하면서 이렇게 적고 있다.

"『춘추고징』도 초고는 아들 학유가 받아 적었고 두 번째 원고는 이강회가 도왔다고 적고 있다. 『논어고금주』에도 이강회와 윤동이 함께 도왔다는 언급이 보인다. 『상의절요』 또한 아강회의 질문에 대답한 내용이었다. 이로 보아 이강회는 사서삼경의 경전 공부와 관련된 학술적 작업에서 중심축 역활을 맡았던 (다산의) 제자임을 알 수 있다."[5]

5 정민, 『다산선생 지식경영법』(김영사, 2006), 586쪽.

추측건대 이강회는 강진에서 유배생활을 하던 스승 정약용과 흑산도에서 유배생활을 하던 다산의 중형(仲兄) 정약전 사이에서 서신왕래 및 여러 가지 정보교환을 가능케 일을 도모해왔던 것으로 보인다. 실제로 손암(巽庵) 정약전이 흑산도에서 생을 마감한 3년 뒤에는 아예 거처를 흑산도로 옮겨 연구활동을 펼쳐왔던 것이다.

이강회의 저술활동

이강회는 흑산도(정확하게는 우이도)에 현주서옥(玄洲書屋)이라는 연구실을 차려놓았다. 얼마 전 그의 저술 중 『유암총서(柳菴叢書)』와 『운곡잡저(雲谷雜樗)』를 우이도에 거주하는 문순득의 후손인 문채옥 옹이 소장하고 있는 것으로 밝혀져 화제가 되었다. 이들 자료는 그 뒤 신안문화원에서 이의 번역물과 함께 원문 자료가 세상에 소개된 바 있다. 그리고 그의 또 다른 저술인 『현주만록(玄洲漫錄)』과 『탐라직방설(耽羅職方說)』은 현재 일본 교토(京都)대학의 하합문고(河合文庫)에 소장된 단행본으로 밝혀져 있다. 그가 완성했을 것으로 추정되는 『주관연의(周官演義)』는 아직까지 발견되지 않은 상태이다. 이들 이강회의 다양한 저술을 통해서 볼 때 다산학계(茶山學界)의 관심은 이미 '해양(海洋)으로 학지(學知)의 열림'에 접근하고 있었던 것으로 나타난다.

그렇다면 다산학계가 해양으로의 학지를 넓혔던 궁극적인 이유는 무엇일까? 그것은 19세기 한국을 포함한 동아시아에 불어닥친 세계사적 조류, 이른바 '서세동점(西勢東漸)'에 대한 사상적 각성에서 기인한다 할 것이다. 이에 대한 분석으로 임형택 교수의 논문 "다산학단(茶山學團)에서 해양(海洋)으로 학지(學知)의 열림 - 이강회(李綱會)의 경우"에 보다 심층적이고 상세하게 논의되고 있다. 이 논문에서 임 교수는 이렇게 강조한다.

> "'서세'는 바다로 밀려왔다. 해양으로의 학지는 서세에 대응하는 필수요건으로 보아야 할 것이다. 따라서 실학의 '해양으로 학지의 열림'은 긴요하고도 당연한 학문공작이었다고 평가할 수 있다.

다산은 군사학 분야의 저술인 『민보의(民堡議)』에서 '나는 해상에서 살 게 된 것이 12년이다. 바다의 일들을 자못 익숙히 알게 되었다.' 라고 말한다(『민보의』는 다산의 강진 귀양살이 12년 되는 무렵 지은 것이다). 자신이 원하지 않았던 바닷가의 삶이지만 해양으로 눈을 돌리게 되는 계기가 되었다. 다산의 저술 곳곳에서 해양에 대한 관심을 확인할 수 있거니와 이 방면에서 이강회의 행보와 저술은 단연 돋보인다."[6]

6 임형택, "茶山學團에서 海洋으로 學知의 열림 - 이강회의 경우", 『대동문화연구(제56집)』(성균관대학교 대동문화연구원, 2006). 이 논문의 재인용 『운곡잡저(권2)』(신안문화원, 2007), 53쪽.

한편 다산 정약용의 대표적 저술 중 하나인 『경세유표(經世遺表)』「동관공조(冬官工曹)」편 '사관지속(事官之屬)' 조에서 '배 만드는 법' 에 대해 이렇게 강조하고 있기도 하다.

"배 만드는 법은 이용감(利用監)에서 중국으로부터 배워 올 수 없는 것이며, 또 중국에서 배워오도록 의뢰할 수도 없다. 중국 배와 왜국(倭國) 배로서 우리나라 연안에 표착(漂着)하는 것이 해마다 10여 척이나 되고, 유구(琉球)와 여송(呂宋) 배도 가끔 표착하는데, 그 제도와 모양이 기묘하고 견고하여 능히 풍파(風波)에 출몰하면서도 파손되거나 침몰되지 않는다. 이 배들이 표착하는 즉시, 이용감 낭관을 보내 분수(分數)에 정숙(精熟)하고 솜씨 있는 공장(工匠)과 같이 검사하면서 여러 가지 물품과 여러 가지 물체의 길고 짧음과 넓고 좁음과 뾰족하고 뭉툭한 것과 높고 낮음을 모두 상세하게 살펴서 그 치수를 기록한다. 그리고 소용되는 재료 및 유회(油灰)와 결레로 배의 틈을 메우는 법과 양쪽 날개에 판자(板子)를 붙이는 제도는 모두 그 방식을 묻고 그 효과를 물은 다음, 우리 스스로가 모방해 만들어서 털끝만큼도 어긋남이 없게 하면 이것이 중국에 가서 배워 온 것과 같다."[7]

7 정약용, 『경세유표(經世遺表)(Ⅰ)』(민족문화추진회, 2005), 179쪽.

이강회는 다산학계의 이런 시대 읽기를 제대로 실천한 인물이다. 다른 사람의 경우 유배를 살기 위해서나 들어가는 섬인 우이도에 이강회는 순전히 연구를 위해 자발적으로 건너간 것이다. 그리고 때마침 표류한 중국선박에 올라 자세히 관찰하고, 선원들과 필담을 나누며 그의 학문적 궁금증을 풀어 헤친다. 이렇게 해서 저술한 책이 바로 『현주만록(玄洲漫錄)』이다.

이강회의 이용후생(利用後生) 실천

다산의 제자인 이강회의 또 다른 학풍은 당시 북학파의 대표인 연암(燕巖) 박지원(朴趾源)과 초정(楚亭) 박제가(朴齊家)의 사상에 공명하고 있다는 점이다.

그는 「운곡선설(雲谷船說)」이라는 글에서 이런 자신의 소회를 다음과 같이 피력하고 있다.

"지난날 선왕조 때 연암 박공이 지은 『열하기(熱河記)』와 초정

박공이 지은 『북학의(北學議)』는 무릇 성의 축조, 벽돌 제조, 맷돌[碾磨], 윤기(輪機) 등의 제도에 관해서 논한 바가 상당히 자세하여 실용의 문장이라 할 만하다. 저 두 분의 현자(賢者)는 외이(外夷)에서 태어나 상국(上國)을 흠모하였다. 논하여 저술한 저서는 나라를 걱정하고 세상을 개탄하는 말 아닌 것이 없다. 두 분은 도(道)를 논한 분들이라 말해도 좋다."

〈在昔先朝時燕巖朴公纂熱河記楚亭朴公制北學議凡築城燒甓碾磨輪機之制所論頗詳可以爲實用之文矣彼二賢生於外夷欽慕上國莫非憂國嘆世之言也如二公者亦可以論道矣〉[8]

8 이강회, 「운곡선설(雲谷船說)」『유암총서(柳庵叢書)』(신안문화원, 2005), 48쪽.

즉, 이강회는 이들 선배 사상가들과 그 생각을 공유하면서, 수레와 선박의 활용을 제일 중요하고도 시급한 문제로 삼고 있다. 이른바 '이용후생(利用厚生)'의 시각이다. 박제가는 그의 저서 『북학의(北學議)』 서문에서 이미 '이용(利用)'과 '후생(厚生)'을 강조한 바 있다.

"섬구를 하나 만들어내자 천하에는 껍질을 벗기지 않은 낟알을 먹는 사람이 사라졌고, 신을 한번 만들어내자 천하 사람들이 맨발로 다니지 않게 되었으며, 또 배와 수레를 한번 만들어내자 아무리 험준한 곳이라도 유통시키지 못하는 물건이 없었다. 그 같은 방법이 얼마나 간소하면서도 쉬운 것이었던가! 이용(利用)과 후생(厚

生)은 한 가지라도 갖추어지지 않으면 위로 정덕(正德)을 해치는 폐단을 낳게 된다." 9

9 박제가 지음(안대회 옮김), 『북학의(北學議)』(돌베개, 2004), 17-18쪽.

이강회는 이미 정약용이 전개한 학문의 중심인 '경세치용(經世致用)'에 바탕을 두면서도 박지원, 박제가 등의 '이용후생(利用厚生)'에도 깊은 공명과 이의 실천적 연구를 병행해나갔음을 알 수 있다. 그래서 그가 주창한 배와 수레의 적극적 활용방안이 「운곡선설(雲谷船說)」·「제거설(諸車說)」·「거설답객난(車說答客難)」 등의 저술로 현실화하여 나타나고 있는 것이다.

구체적으로 그의 「거설답객난」에서 강조한 수레 활용의 이득의 경우를 한번 살펴보자.

"탐라에서 조정에 바치는 물품이 한 해 일백 바리[駄]입니다. 탐라의 배가 달량포(達梁浦)에 정박하면 농가를 뒤져서 농민들을 징발하여 등을 내리치고 뺨을 후려갈기며 구불구불 줄을 지어 길을 따라 짊어지고 가게 합니다. 이때가 되면, 모내기를 할 자는 모를 내지 못하고, 김을 맬 자는 김을 매지 못한 채, 담을 넘어 달아나 숲속에 숨어서는 당해야 할 욕된 일을 피합니다. 도호부(都護府)에 도달한 뒤로는 강진읍 한 고을로 계산하면, 짐 한 바리의 태가(駄價)가 이천오백 전(원주: 25량이다.)으로 관례적으로 정해져 있는데, 일백 바리면 그 값이 얼마겠습니까? 그리하여 국가에서는 대동정미(大同正米)를 쌓아두었다가 준절(準折)하여 주는데, 일백 바리에서 들어오는 모든 값을 모두 합하면 거의 삼백여 관(貫)(원주: 三千兩)에 이릅니다. 이 탐라의 공물로 인하여 아래로는 백성들의 농사시기를 이처럼 심하게 빼앗고, 위로는 국가의 경비를 이렇게 많이 소비합니다. 만약에 수송에 드는 비용의 3분의 1을 던져 수레 열 대를 만들고 달량포의 진영(鎭營)에 두었다가 본진(本鎭)으로부터 서울까지 전담하여 수송하게 해보십시오. 그렇게 하여 10년 동안 얻은 비용이 얼마나 되겠습니까? 세 고을의 농민들이 모두 기뻐하며 춤을 추고 농사를 즐기며 편안할 테니 그 이익이 또 얼마나 되겠습니까?"

〈夫耽羅貢獻歲每百馱耽人船泊達梁搜括農民鞭背批頰回回曲曲鱗次路負當時之時秧者不秧耨者不耨踰牆匿藪以避其辱及達于都護之府以康津一邑言之一馱之價例定二千五百錢(二十五兩也)則百馱之錢厥數幾何於是國家以大同正米儲置而準折摠計百馱之所入將近三百餘貫(三千兩)爲此耽羅之貢下奪民時若是其甚上費經用若是其多若捐三之一之費制車十乘置之達梁之鎭自本鎭專達于京師則十年所得其錢幾何三邑農民皆歡欣蹈舞樂業安堵矣其利又幾何〉[10]

10 이강회(李綱會), 「거설답객난(車說答客難)」 『유암총서(柳菴叢書)』 (신안문화원, 2005), 36-37쪽.

즉, 수레를 제작하여 수송하면 얻게 되는 효과를 자신의 고향 강진(康津)에서 목도한 사례를 들면서 매우 설득력 있게 호소하고 있다. 그러면서 이런 결과가 결국엔 위로는 비용을 덜고, 아래로는 조세를 적게 거두는 이른바 현대판 '윈윈(Win - Win) 전략' 과도 상통함을 내비치고 있다.

이강회의 이런 관심은 크게 국방과 경제적 관점에서 부국강병(富國强兵)을 논함과 다름 아닌 것이다. 즉, 삼면이 해양국가인 우리나라의 상황을 예의 주시하고 선박과 수레의 선진적 구조체계를 과감히 혁신적으로 받아들여 일대 사회적 변화를 도모함을 시도하고 있음에 그의 번뜩이는 예지가 발휘되고 있음을 짐작케 한다.

그리고 그의 학문적 수용태도 역시 높이 살 만하다 하겠다. 본래 다산학단의 일원인 그가 북학파의 사상을 거침없이 받아들이고 한 단계 더 나아가 독자적인 이론체계를 확립했기 때문이다. 이는 조선조 5백 년의 역사를 통틀어 붕당정치에 휘둘린 소아병적인 구태에서 과감히 탈피한 선각자로의 행보를 직감케 한다.

한편 이강회의 말년에 대한 기록은 거의 전하지 않는다. 다만, 스승인 다산 정약용이 75세로 생을 마감하는 날(1836년 2월 22일)의 기록에 비추어 볼 때 이강회는 서울에 있었던 것으로 나타난다. 『사암선생연보』에는 "문인 이강회(李綱會)가 서울에 있었는데 큰 집이 무너져 내려 누르는 꿈을 꾸었다. 아!

이상한 일입니다."라고 적고 있다.[11]

11 이덕일, 『정약용과 그의 형제들』 2권(김영사, 2008), 294쪽.

『탐라직방설(耽羅職方說)』은 어떤 책인가?

『주례(周禮)』에 비추어 본 탐라의 군사 · 행정조직

조선의 건국 초인 태조(太祖) 6년(1397) 3월, 중국에 사신으로 갔던 일행 중 권근(權近, 1352~1409)은 명(明) 태조(太祖)의 명을 받아 응제시(應製詩) 24편을 지어 올려 찬사를 받았다. 이 중 '탐라(耽羅)'란 제목에 대해 그는 이런 시를 지어 올렸다.

"蒼蒼一點漢拏山(푸르고 푸른 한 점의 한라산이)
遠在洪濤浩渺間(만경창파 아득한 속에 멀리 있네.)
人動星芒來海國(사람이 별[星芒]을 움직여 바다나라에 왔었고)
馬生龍種入天閑(말은 용의 씨를 낳아서 天閑에 들어갔다오.)

地偏民業猶生遂(땅은 궁벽하나 백성들 업이 있어 살아가고)
風便商船任往還(바람이 편하면 장삿배가 겨우 오고가오.)
盛代職方修版籍(盛明의 시대에 職方에서 版籍을 꾸밀 때)
此邦雖陋不須刪(그 고장 누추하지만 부디 빠뜨리지 마옵소서.)[12]

12 權近 「應製詩 24篇」『朝鮮王朝實錄』(太祖 6年) 條.

이 시의 둘째 연, 셋째 구에 '직방(職方)' 이란 단어가 등장한다. 여기에서 '직방' 은 관명(官名)이고, '직방씨' 는 『주례(周禮)』「하관(夏官)」에 속하는데, 천하(天下) 구주(九州)의 지도(地圖)를 장악하여 사방의 공물(貢物)을 취급한다.

그러고 보면 단적으로 『탐라직방설(耽羅職方說)』이란 탐라의 인문 · 지리 · 군사 · 경제 등에 관한 총체적 설명으로 이뤄짐을 미뤄 짐작할 수 있다.

그렇다면 저자인 이강회가 특별히 『주례(周禮)』를 원용하면서 『탐라직방설』을 저술한 까닭은 어디에 있었을까?

여기에는 스승 정약용의 학문적 연구 방향과도 무관하지 않은 점이 얼마간 작용했으리란 짐작이 간다. 왜냐하면 다산의 대표적 저작물인 『경세유표(經世遺表)』가 쓰이던 시기(1817)와 이강회가 『탐라직방설』을 저술하던 시기(1819)가 거의 이치하기 때문이다.

주지하다시피 다산 정약용이 『경세유표』를 통해 개혁론을 주창하게 된 배경은 바로 『주례』에 그 모델을 제시하고 있음이다. 『경세유표』의 원 제명은 '방례초본(邦禮草本)' 이다. 즉, 주례(周禮)에 대한 방례(邦禮)의 의미는 결국 『주례(周禮)』가 요순 · 삼대의 제도 가운데 하나로서 '주례(周禮' (주나라의 제도) 역시 이전의 제도를 현실에 맞게 고쳤듯이 정약용 자신도 한국의 실정에 맞게 고쳐 '방례(邦禮)' 라고 함을 상징한다.

앞서도 언급했듯이 이강회는 우이도의 현주서옥(玄洲書屋)에 5개월째 머물면서 『주관연의(周官演義)』의 저술활동을 한창 전개하고 있었던 점을 상기할 필요가 있다. 그래서 스승이 그랬던 것처럼 자신도 경학(經學) 연구와 병행해서 그것의 적용을 시도하고자 한 심사가 반영되었을 법하다. 그의 이런 시도는 마침 우이도에 유배살이를 온 제주인 김익강(金益剛)과 조우하면서 더욱 구체화되었고, 자신의 고향 강진에서 들었던 수많은 제주 관련 이야기들을 엮어내면서 결국 『탐라직방설(耽羅職方說)』이란 표제(標題) 아래 그의 저술활동의 지평을 넓혀나간 것으로 파악된다.

『탐라직방설』의 구성 체계 및 내용

이강회의 『탐라직방설(耽羅職方說)』이란 책은 총 2권 1책으로 구성되어 있다. 제1권은 제주의 인문 · 지리 · 경제 · 군사 시설에 관한 총체적 보고서 형식의 글이다. 제2권은 「상찬계시말(相贊契始末)」로서 1813년에 발생한 양제해(梁濟海) 관련 옥사(獄事) 사건의 내용과 그와 관련된 인물의 전기를 열전(列傳)의 형식으로 함께 수록하였다.

이강회의 『탐라직방설』에서 제1권의 내용이 '거시적(巨視的) 접근법(Macro Approach)에 의한 정태적(靜態的) 서술' 이라 한다면, 제2권 「상찬계시말」은 바로 '미시적(微視的) 접근법(Micro Approach)에 의한 동태적(動態的) 서술' 이라 할 수 있을 것이다.

제1권의 체계를 이루는 큰 골격은 저자인 이강회가 『주례(周禮)』에 입각하여 그 글을 엮어나감이다. 이는 곧 기존의 『탐라지(耽羅誌)』 같은 사찬 읍지류(邑誌類)나, 혹은 제주를 방문했던 어사(御史), 유배인 등이 남긴 개인 문집류(文集類)에서는 찾아보기 힘든 독특한 구성체계라 할 것이다. 그래서 글의 짜임새도 맨 먼저 서문을 제시해서 자신의 집필 의도 등을 약술하고, 대강(大綱)을 제시한 후 여기에 설명[說]을 붙이면서 아울러 자신의 주관적인 해석과 견해[案]를 피력하고, 부분적으로 미흡한 곳에 각주[註] 형태의 글을 첨가하고 있는 형식으로 전체를 일관하고 있다.

간혹 글의 중간 중간에 등장하는 어휘 가운데는 일반적으로 쓰이는 지명과는 다른 한자어의 표기가 있어 눈길을 끌게도 한다. 이를테면, 한내[大川]의 경우 '韓奈川(한내천)' 으로, 용연(龍淵)은 '龍演池(용연지)' 로, 가파도(加波島)의 경우 '甘波苫(감파섬)' 으로 우도(牛島)는 '牛屠苫(우도섬)' 으로, 들렁귀[登瀛丘]는 '杜郎溝(두랑구)' 등으로 표기함 따위가 그것이다. 이는 아마도 이 책의 취재원이 된 일차적 자료로서 서지류(書誌

類)보다는 구술 등의 구전자료가 더 비중이 컸음을 시사한다.

특히 봉수(烽燧)와 관련하여 화북(禾北)을 중심으로 한 동·서의 연결망을 상세하게 기술함이라든지, 도로 구분에 있어 상대로(上臺路)·하대로(下臺路)로 크게 나눠 중산간 지대의 길을 목마장 길로, 해안을 따란 난 길을 해안방어용 군사도로로 인식함도 독특한 해석이라 할 것이다.

창고(倉庫)와 관련하여 설명하면서 민생들을 도탄에 빠지게 한 관리들의 횡포라든지, 화북 포구를 중심으로 사상(私商)들과 연계된 관리들의 세금징수 부분에선 강도 높게 비판의 잣대를 들이대며 격분한 어조를 거침없이 쏟아내는 파격적인 언사도 차용하고 있다.

다만 이 글의 내용 중 미미한 오류는 시정되어야 한다고 믿는다. 곧 당시 제주도에 상주하는 인구수를 200만 명이라고 높게 잡아 설명함이라든지, 신당과 사찰을 파괴한 제주의 관리로서 이형상(李衡祥) 목사가 아닌 김치(金緻) 판관을 거론한 점은 사실과 다른 점으로서 시정되어야 할 부분인 것으로 판단된다.

그러면서 한 가지 언급해 두어야 할 부분이 있다. 그것은 이 책의 저자 '이강회가 제주도를 다녀간 기록이 없다.' 라는 사실이다. 다만 저자는 이 책에서 진도군의 한 섬(현재의 '관매도(觀梅島)' 로 추정) 산봉우리에 올라 멀리 제주도를 조망해

본 경험만을 약술하고 있을 뿐이다. 결국 이 책의 저술을 가능케 한 취재원이 된 것은 자신의 고향 강진에서 직·간접적으로 만나서 들을 수 있었던 제주 관련 여러 이야기들과 흑산도에서 직접 만난 제주 유배인 김익강(金益剛)의 구술(口述) 내용, 그리고 『탐라지』 등이 전부였던 것으로 짐작된다.

상찬계시말(相贊契始末)

제2권의 「상찬계시말」은 순조 13년(1813) 12월, 제주도에서 모반으로 보고된 사건의 진상을 그 주요 내용으로 하고 있다. 이른바 '양제해(梁濟海) 모변사(謀變事)'로 알려진 게 바로 이것이다. 엄밀하게는 무고(誣告) 사건이다. 즉, 양제해 등의 향관층과 상찬계로 대표되는 아전(衙前)층과의 대립이 불러일으킨 사건으로 사전에 윤광종(尹光宗)이 "양제해 등이 난(亂)을 일으키려 한다."라고 목사에게 고발하니 목사 김수기(金守基)가 이들을 체포하여 옥에 가두었고, 혹형을 당해 죽어나간 사람들이 발생하자 조정에서는 찰리어사 이재수(李在秀)를 급파하여 조사·판결을 내리도록 조처했던 것이다.

이강회가 우이도로 건너가기 5년 전에 발생한 사건이었다. 이미 그는 자신의 고향 강진(康津)에 있을 때부터 이 사건의 전말을 대략 들었던 모양이다. 왜냐하면 역사적으로 강진은 제주도로 내왕하는 나루터로서 백제(百濟) 때 동음진(冬音津)

이었고, 신라 경덕왕 때 지명이 탐진(耽津)으로 바뀌는데, 바로 '탐라로 이어지는 나루터' 라는 의미를 내포하고 있음에서다. 그러기에 제주에서 일어나는 크고 작은 일들을 내왕하는 사람들의 입을 통해서 비교적 소상히 접할 수 있는 환경이었다. 이때 전해 들은 이야기 중에 '양제해는 지금 세상의 항우(項羽)' 라는 말을 전하면서, 양제해가 민중적 영웅으로 그려지고 있음을 언급하기도 한다.

이강회가 우이도로 건너가 제주 유배인 김익강(金益剛; 양제해의 사돈)을 만날 수 있었던 동기는 그곳 거주인 문순득(文淳得)이 전한 손암(巽庵) 정약전(丁若銓)의 이야기에서 비롯한다. "그 인물을 기특하게 보아 크게 심계(心契)가 있었다." 라는 인물평에 이강회 또한 마음이 쏠렸던 것이다. 이강회 자신 또한 「김익강전(金益剛傳)」에서 갈파하길, "익강과 같은 인물이 제주에 있었음을 미처 깨닫지 못하였다." 라고 했다. 상찬계의 자세한 내막을 비롯한 제주도 실정을 김익강과의 인터뷰를 통해서 많이 알게 되었던 것 같다.

「상찬계시말」을 『탐라직방설』에 포함시킴에 대해 저자인 이강회 자신도 그 서문에서 '직방(職方)' 과는 무관함을 언급하고 있기도 하다. 그러나 제주의 큰 옥사(獄事) 사건이기에 후대 역사를 연구하는 이들로부터 올바른 평가를 내리는 데 일조할 것이라는 기대에서 출발하고 있다. 그러면서 후손들의 입장에서 억울한 혼백들의 한을 풀어줄 의무감이 있음을 강조하고 있기도 하다. 글 중간 중간에는 심지어 격정적인 분노와 동정 어린 표현까지 서슴없이 드러내어 표현하고 있다.

제주와는 아무런 이해관계가 없으면서, 제주라는 땅을 한 번 밟아보지 않고서도 오직 올바른 역사 인식에 바탕을 두고 민생문제의 해결을 몸소 실천하려고 했던 19세기 조선 선비의 처절하면서도 투철한 선비의식을, 이강회의 『탐라직방설』을 통해 확인하게 된다.

『조선왕조실록(朝鮮王朝實錄)』의 기록 - '양제해 모변(謀變)사'

먼저 이 사건의 발단을 조정에 보고한 목사 김수기(金守基)의 장계(狀啓)의 내용을 한번 살펴보자. 이 내용은 『조선왕조실록(朝鮮王朝實錄)』 순조 13년 12월 3일조에 실려 있다.

> "양인(良人) 윤광종(尹光宗)이 진고한 내용에, '중면(中面)의 풍헌(風憲) 양제해(梁濟海)는 원래 간힐(奸詰)하고 음특(陰慝)한 자로 항상 분수를 넘어 흉악한 짓을 하려는 생각을 품고 있다가, 서적(西賊)[13]이 일어났다는 말을 듣고는 무리를 모아 모반을 도모할 생각을 한 지가 오래였습니다. 마침내 앞장서서 떠들기를, 「근래에 와서 섬 백성들의 부역이 너무 무거워 편히 살 수가 없다. 그러니 무리를 모아 힘을 합쳐서 제주 영읍의

13 이 사건이 일어나기 바로 1년 전(1812년)에 생긴 '홍경래의 난'을 두고 일컬음.

네 관원[14]을 죽이고, 섬 전체를 내가 주장(主張)하여 섬의 배는 육지로 못 나가게 하고 육지의 배가 오면 재물은 빼앗고 배는 엎어버려서 북쪽으로 통하는 길을 일체 막아버린다면 마땅히 후환이 없을 것이고, 영구히 안락을 보장할 수 있다.」하면서 어리석은 백성들을 감언이설로 어르고 위협하여 선동해서 김익강(金益剛)·고덕호(高德好)·강필방(姜必方) 등과 함께 속여서 불러 모아들이니 무리가 차츰 늘어났습니다. 그리하여 빈틈없이 배포(排布)하고 역사(力士)를 모집하고 병기를 만들어서, 이달 16일 밤에 주성(州城)에 돌입하여 변란을 일으키되, 정의(旌義)와 대정(大靜)에서도 같은 날 거병(擧兵)하기로 하였습니다……' 라고 하였으니, 너무도 듣기에 놀라고 분하여 양제해와 그 무리들을 추적 체포하여 엄중히 문초한 결과 일일이 자백하였으므로 모조리 굳게 가두었으며, 양제해가 오라를 풀고 도망하므로 즉시 잡아서 다시 가두었습니다……."

14 여기서 '네 관원' 이라 함은 목사·판관·정의현감·대정현감을 지칭하는 것으로 보임.

하였는데, 임금이 그 장계를 비변사에 내려 품처하게 하였다.

〈濟州牧使金守基馳啓言良人尹光宗進告內中面風憲梁濟海自來奸黠陰慝常懷犯分肆凶聞西賊猖猥思欲按人爲黨不軌之圖其來已久乃倡言曰挽近以來島民賦役苦重無由莫安將欲聚徒合謀戕殺濟州營邑四官一島之內渠自主張使島船無得出陸陸船來則搜其財而覆其船一切與北路不通則無後患永保安樂以此誘說恐脅煽動愚氓與金益剛高德好姜必方等諱張嘯聚寔繫其徒密勿排布募力士而鑄兵器欲以今

月十六日夜突入州城作變旌義大靜亦於伊日擧兵云聞極驚憤濟海及其徒黨跟捕嚴覈箇箇輪致一幷牢囚矣濟海脫繫逃躱旋則捕捉還囚云上下其狀于備局令稟處〉[15]

목사 김수기는 조정에 올린 장계에서 당시 1년 전에 일어났던 '홍경래 난'을 언급하며 이 사건을 철저히 '모변사(謀變事)'로 일관하고 있다.

『조선왕조실록』의 기록은 이후 다음 날 제주의 민인(民人)에게 유시(諭示)하고 하교하는 내용과 비변사에서 제주도에 안핵(按覈) 겸 위유사(慰諭使)를 파견할 것을 건의하는 내용, 그리고 이어서 이재수(李在秀)를 찰리어사(察理御史)로 임명하는 내용이 이어진다. 다음은 제주 찰리사 이재수가 치계한 내용이다. 이 또한 『조선왕조실록』 순조 14년 윤2월 14일조에 실려 있다.

제주 찰리사(濟州察理使) 이재수(李在秀)가 치계(馳啓)하기를,

"변을 도모한 죄인 양제해(梁濟海)의 옥사(獄事)에 대하여 여러 가지로 철저히 조사하였습니다. 그런데 양제해와 다른 죄수들 중 7명이 전후로 죽게 되었습니다. 이번의 이 옥사는 양제해가 섬 안의 품관(品官)으로서 동지들과 약속하고서 세 고을의 수재(守宰)를 모

15 김봉옥 편, 『朝鮮王朝實錄中耽羅錄』(제주문화방송, 1986), 651-652쪽, 원문 202쪽.

해(謀害)하고, 배를 엎어버리고 재물을 빼앗으며 육지와의 길을 막으려는 생각까지 하였습니다. 그래서 어리석은 백성들을 꾀어 무리를 모아서, 혹은 여럿이 모인 데 의탁해 등소(等訴)를 하기도 하고, 혹은 계를 만든다고 핑계하여 서로 돕기도 합니다. 패설(悖說)을 할 때는 꾸짖어 물리친 자가 간혹 있습니다만 몹시 어리석은 자들이 등소나 계를 만든다는 것으로서 좋은 뜻으로 인식했던 자와 일의 내용에 전혀 어둡고 이름이나 얼굴도 서로 모르는 자가 모두 공초(供招)의 잘못으로 인하여 많이 잡혀서 갇혀 들어가게 되었습니다. 그래서 그 경중을 참작하고 허실을 살펴 사형 · 도배(島配) · 석방 등으로 등급을 구분하였습니다. 그중에 고덕호(高德好)는 이미 거병(擧兵)하여 성을 치는 흉모(凶謀)에 가담하였음을 불었고, 양일회(梁日會)는 양제해의 아들로서 제주를 공격할 계획을 주선하였으므로, 아울러 사형에 처하여야 하겠습니다. 강필방(姜必方)은 모여서 거사하겠다는 말을 물리치지 못한 사실을 실토하였고, 양인복(梁仁福)은 세 고을을 나누어 맡는 계획에서 자신이 하나를 맡았으므로 양제해와 서로 호흡을 맞추었음을 알 수 있으며, 김익강(金益剛)은 처음부터 내용을 알았으므로 변명할 말이 없음을 실토하였고, 김창서(金昌瑞)는 양제해가 관리를 죽이고 비장(裨將)을 죽이려 한다는 말을 듣고 미친 개[狂狗]니 눈먼 말[盲馬]이니 하는 말들로 편지를 주고받았으니, 앞장서서 시작한 것은 아니지만 함께 공모한 죄목을 면하기 어렵습니다. 이 네 죄수는 연한(年限)이 없이 절도(絶島)에 정배토록 하는 것이 마땅하겠습니다. 양일신(梁日新)과 양일빈(梁日彬)은 양제해의 종자로서 비록 범한 죄는 없지만 의당 연좌의 율을 적용하여야 하겠고, 강성삼(姜成三)·강성규(姜成圭)·고원창(高元昌)·이애창(李愛昌)의 네 죄수는 같은 패거리라는 지목이 비록 혹시 억울하다고 하지만 실정을 알고서 고발하지 않았으니, 그들이 어찌 죄를 면할 수 있겠습니까? 섬에 귀향 보내는 처분이 마땅하겠습니다. 김은실(金殷實) 등 25명의 죄수는 간혹 의심스러운 점이 있기는 하지만 다시 조사한바, 밝혀내지 못했습니다. 더러는 평민으로서 공초 속에 잘못 섞여들어 간 것이니, 모두 특별히 놓아 보내야겠습니다. 고발한 사람인 윤광종(尹光宗)은 그들의 계획을 탐지하고 정확한 증거를 잡아서 미리 관가에 고발하여 마침내 모변을 꾀한 무리들이 잡혀 처벌을 받게 하였으니, 이를 격려하는 도리에 있어 포상(褒賞)하는 조치가 있어야겠습니다."

하였는데, 비변사에서 아뢰기를,

"찰리사(察理使)가 등급을 나누어 올린 계본(啓本)을 보니, 사형으로 논단한 것이 2인, 절도(絶島)에 연한을 정하지 않은 정배가 4인, 섬에 귀양 보낼 자가 6인, 완전 석방할 자가 25인이었습니다. 그 논감한 내용이 모두 공평하고 성실한 체모를 얻었습니다. 대개 이 옥사에 있어서 앞장서서 일으킨 우두머리 죄인은 양제해입니다. 의당 극률(極律)에 처해야 하나 이미 형을 집행하기 전에 죽었으므로 법으로서는 추시(追施)할 수 없으며, 생존한 죄수들 중에 고덕호·양일회가, 한 사람은 양제해와 심복으로 결탁하였고, 한 사람은 양제해와 부자(父子)간입니다. 관리를 죽이고 성을 공격하려는 데 힘껏 참여하여 계획하였고, 무리를 모으고 날을 잡아서 함께 시작하기로 뜻을 같이하였으니, 그 마음씨나 범했던 것으로 보아 비록 양제해의 다음이 되겠지마는, 바로 지금 갇힌 죄수들의 원악 수범(元惡首犯)입니다. 사형 처분에 대하여 조금도 용서가 있을 수 없습니다. 세 고을의 민인(民人)을 많이 모아 놓고서 모두 즉시 효수(梟首)하여 백성들을 경계하여야 할 것입니다. 그 다음의 죄수들은 한결같이 사계(査啓)한 대로 등급을 나누어 시행하고, 고발한 사람 윤광종(尹光宗)은 사실을 정탐해서 관가에 고발하였으니 그 공이 적지 않습니다. 특별히 본도(本島)의 변장(邊將)에 조용(調用)하여야 할 것입니다. 그리고 이번의 난을 일으키려 했던 변은 사실 백성들을 학대한 폐단에서 연유한 것으로서 관리들이 계를 만들고 당을 이룬 것이 끝내는 변란의 근본이 된 것입니다. 관장(官長)에 대해서는 당연히 안렴(按廉)하여 출척(黜陟)하여야 할 것이요, 교리들 중에 가장 나쁘고 더욱이 앞장서서 그런 짓을 한 자들을 대대적으로 조사 적발하여 폐단의 근원을 철저히 개혁하여야 할 뜻을, 청컨대 모두 찰리사가 머물러 있는 곳에서 행회(行會)하게 하소서." 하니 윤허하였다.

〈濟州察理使李在秀馳啓言謀變罪人梁濟海獄事多般盤覈而濟海及他囚中前後致斃者爲七名矣今此獄事濟海以島中品官締結同志謀

害三邑守宰至有覆舟奪貨拒絶陸路之意誘引愚氓募聚徒黨或托齊會而等訴或稱作稧而相助發其悖說則責而排却者間或有之而至若蚩蚩之類以其等訴作稧認以好意者及全昧本事不知名面者並因誤招而多入逮囚故量其輕重察其虛實一律也島配也放釋也分等區別則高德好以旣入擧兵攻城之凶謀納供梁日會以濟海之子綢繆攻取濟州之謀幷合施一律姜必方以聚會擧事之說不能排却納侤梁仁福三邑分掌之謀渠居其一則與濟海聲氣相應可知金益剛以自初知情無辭自明納侤金昌瑞聞濟海殺吏殺裨之言以狂狗盲馬等說書辭往復雖不可謂首倡亦難免同謀之目此四囚合施勿限年絶島定配之典梁日新梁日彬以濟海之種雖無所犯宜用連坐之律姜成三姜成圭高元昌李愛昌四囚同黨之目雖或稱寃知情不告渠安能免合施島配之典金殷實等二十五囚或有疑端而更查落空或以平民而混入誤招幷特爲放送進告人尹光宗探其排布執其眞贓先機告官竟使謀變之徒勘以當律其在激勵之道合有褒賞之典備局啓言卽見察理使分等啓本則一律論斷二人絶島勿限年定配四人島配六人全釋二十五人矣其所論勘俱得平允之體而蓋此獄之首倡元犯濟海也當用極律而今已徑斃法不當追施生存諸囚中高德好梁日會一則與濟海有心腹之托一則與濟海爲父子之親殺吏攻城而極意參謀募衆定日而出力同情以情以犯雖亞於濟海卽時囚之元惡首犯也置之一律實不用已大會三邑民人並則梟首警衆次律以下一依查啓分等施行發告人尹光宗探情告官功亦不小本島邊將特爲調用今此搆亂之變實錄虐民之弊而官吏之作稧成黨終成亂本官長則自當按

廉黜陟而校吏之最無良尤作俑之類大行査發洞革弊源之意謂並行會於察理使處允之〉16

16 김봉옥 편, 『朝鮮王朝實錄中耽羅錄』(제주문화방송, 1986), 653-654쪽. 원문 204쪽.

김석익(金錫翼)의 『탐라기년(耽羅紀年)』 기록 - '양제해 고변(告變)사'

한편 김석익(金錫翼)의 『탐라기년(耽羅紀年)』의 기사에는 이때의 일을 '양제해(梁濟海) 고변사(告變事)' 로 간략히 소개하고 사씨(史氏)의 견해를 덧붙이고 있다. 이강회의 「상찬계시말」로 말미암아 김석익의 기록이 이 사건의 실체에 보다 접근하고 있음을 잘 드러내고 있다고 할 것이다.

"순조 13년(1813년) 겨울, 토교(土校) 윤광종(尹光宗)이 양제해(梁濟海) 부자(父子)가 작란(作亂)을 도모한다고 고발하니 목사 김수기(金守基)가 체포하여 아뢰었다. 때에 간리(奸吏)가 일을 함에 백성에 원망을 사는 자가 많았다. 제해(濟海)와 광종(光宗) 등이 사사로이 의논하여 간리(奸吏)를 제거한다고 했는데 그 모의를 광종(光宗)이 간리의 무리들에게 누설하여 먼저 변을 고하니 제해(濟海) 및 그 친당 수십 인을 체포하여 옥에 걸어 형국하였다.

순조 14년(1814) 봄 정월에 찰리어사 이재수(李在秀)를 보내어 제해(濟海) 부자를 베고 여당(餘黨)은 해도로 귀양 보내었다. 목사 김수기(金守基)는 죄인 7명을 바로 죽였다 하여 파면하였다.

사씨(史氏) 가로되, 제해(濟海)의 옥사를 사람들이 모두 윤광종(尹光宗)에게서 나온 것을 알지만 김재검(金載儉)의 주장이었음을 알지 못함은 어찌함인가. 도인(島人)이 시비에 어둡고 겨우 수십 년을 지내고 이목이 미치지 못하는 바 되면 곧 현우사정(賢愚邪正)을 거의 알지 못하니 통탄할 일이로다. 그러나 그 옥사가 이루어짐에 광종(光宗)은 공으로 명월만호를 상 받아 스스로 득계(得計)라 하였으나 얼마 안 가서 말에서 떨어져 죽었고, 성 옆에 묻으니 성이 무너져 눌려졌으며 재검(載儉)은 비록 몸은 죄를 면하였으나 그 자식 및 손자는 마침내 간오(奸誤)로 해서 죽었으니 천도(天道)가 참람치 아니함이 족히 후세의 소인들에게 경계가 될 것인저."

〈純祖十三年冬土校尹光宗告梁濟海謀作亂牧使金守基逮捕以聞時奸吏用事民多怨　濟海與光宗等私議欲除之光宗以其謀泄於奸吏輩遂先告變逮捕濟海及其親黨數十人繫獄刑鞫

十四年春正月遣察理御史李在秀來誅濟海父子餘黨皆配于海島牧使金守基以罪人七名徑斃事坐罷

史氏曰濟海之獄人皆知出於尹光宗而不知金載儉之主張者何哉島人暗於是非纔過數十年耳目所不及則賢愚邪正類不能知可勝嘆哉然及其獄成光宗以功受賞明月萬戶自以爲得計未幾墜馬而死殯于城則城又崩陷而壓之載儉身雖獲免而其子若孫竟以奸誤死噫天道之不僭足以戒後來之小人哉〉[17]

17 金錫翼, 「탐라기년(耽羅紀年)」『심재집(心齋集) 권2』 (제주문화사, 1990),145쪽.

하나의 역사적 사건을 두고서 그것을 서술해나가는 시각은 서술하는 자의 관점에 따라 다양하게 나타남을 확인할 수 있다. 이른바 1813년 제주에서 발생한 옥사(獄事)를 두고서 『조선왕조실록(朝鮮王朝實錄)』의 경우 '양제해(梁濟海) 모변사(謀變事)'로, 김석익(金錫翼)의 『탐라기년(耽羅紀年)』의 경우 '양제해(梁濟海) 고변사(告變事)'로, 그리고 이강회의 『탐라직방설(耽羅職方說)』의 경우 '상찬계시말(相贊契始末)'로 각각 그 표현과 서술 내용이 다름을 확인할 수 있기 때문이다.

그런 의미에서 민중적 시각에서 그 사건이 발생하게 된 근본원인이 당대 부패한 관료들의 집단이기주의에서 발생함을 지적하고 그것을 파헤친 이강회의 「상찬계시말(相贊契始末)」은 탁견(卓見)이다. 현대를 사는 사람들에게 역사를 보는 안목을 다양한 관점에서 조망케 해주었다는 사실 하나만으로도 이는 높은 가치를 지니고 있다 할 것이다.

전망

이강회가 『탐라직방설(耽羅職方說)』이란 책을 저술하게 된 경위는 다음의 몇 가지로 요약하여 설명할 수 있다.

첫째로 다산학계(茶山學界) 학풍(學風)의 영향이다.

스승인 다산(茶山) 정약용(丁若鏞)이 『주례(周禮)』를 연구하여 『경세유표(經世遺表)』란 저작을 남겼듯이 저자인 이강회 자신도 『주관연의(周官演義)』의 저술활동과 병행하여 이의 실제적 적용으로 『탐라직방설』을 통해 구현해보고자 하는 심사가 반영된 것으로 보는 것이다. 이는 경학(經學) 연구에 있어서 고담준론(高談峻論)의 경지를 넘어서는 일이며 실천적 학문을 지향하는 실학사상의 체현(體現)이기도 하다.

둘째로 연암(燕巖) 박지원(朴趾源)과 초정(楚亭) 박제가(朴齊家) 등 북학파(北學派)의 '이용후생(利用厚生)'에 공명(共鳴)함이다. 실제로 이강회의 저술 중 가장 대표적인 예가 '수레' [車說]와 '선박' [船說]에 쏠려 있다. 이는 자연스레 민생으로의 관심을 촉발한다. 그의 「상찬계시말」은 바로 당대 제주 백성들의 질곡에 시달리는 현장을 파헤친 일종의 다큐멘터리인 것이다.

셋째로 해양문화로의 학지(學知)가 열림이다. 사면(四面)이 바다로 둘러싸인 제주의 경우 해상방어체제와 선박의 실태를 점검하여 미비한 부분의 보완과 대대적인 개혁을 아울러 강조함이 곳곳에서 산견된다.

넷째로 인정(人情)에 바탕을 두면서 당시 아전들의 횡포로 이반된 민심(民心)의 복원에 관료의 각성(覺性)을 일깨움이다. 억울하게 죽은 혼백들을 위해 추모의 정을 담은 제사조차 올리지 못하는 제주사람들을 책망하면서, 도백(島伯)의 우유

부단함을 질책하고 있음이다. 그러면서 한편 탐라백성들을 향해서는 복이 없는 종족이라고 일말의 동정을 보내고 있기까지 하다.

이강회의 『탐라직방설(耽羅職方說)』을 우리말로 옮기면서 다시 한번 생각에 잠기게 한 것은 19세기 제주 사회에서 민중 의식의 싹틈을 목도할 수 있음이다.

특히 이 책 제2부의 「상찬계시말」은, 1813년에 발생한 '양제해(梁濟海) 옥사(獄事)' 의 근본 배경이 '상찬계' 란 당시 관료집단의 부패상을 타파하려 한 제주인 향리층의 사회개혁적 각성에 기인하여 발생한 사건으로 규정지어 그 실상을 파헤쳤다.

즉, 이제까지 알려진 대로 '양제해모변사(梁濟海謀變事)' 로 각인되어 역사의 뒤안길에 묻힐 뻔한 이 사건의 실상을 새롭게 조명할 수 있는 길을 열어놓은 셈이다. 이는 19세기 후반 이후 제주사회에서 발생했던 '임술민란(1862년)' , '방성칠 란(1898년)' , '이재수 란(1901년)' 등과도 연계선상에서 그 배경을 이해하는 데 단초를 제공할 것으로 기대된다.

그리고 무엇보다 감동적인 것은 제주인의 강인한 기질을 양제해(梁濟海), 김익강(金益剛), 이도철(李道喆), 김상빈(金相彬) 등의 활동상을 통해 확인할 수 있었음이다.

한편 이 책의 출간에 앞서 원문과 필자의 번역문을 일독한

박찬식 박사(역사학자)의 소감의 일단은 매우 고무적이다.

"「상찬계시말」은 양제해 모변을 기록한 정부 측 자료(『일성록(日省錄)』, 『비변사등록(備邊司謄錄)』, 『순조실록(純祖實錄)』)에 드러나지 않은 중요한 사실을 많이 담고 있다."라고 전제한 뒤에 이 「상찬계시말」이 전하는 내용이 사료적 가치가 매우 높음을 인정하기도 했다. 즉, 이 사건의 핵심 원인을 상찬계의 폐단으로 간파한 점, 양제해와 관련된 실상이 더욱 명료하게 드러난 점, 양제해의 거사를 변란 · 반란으로 본 것에 대해 그 주모자로 취급된 김익강 자신이 강력하게 부인한 점, 이도철 · 김재검 · 김상빈과 같은 지금까지 이 사건과 연루되어 거의 알려지지 않았던 인물들이 부각된 점 등을 그 특징으로 꼽았다.

아울러 몇몇 군데 역사학계에서 통용되는 어휘의 용례에 대해서도 지적해 주었음에 특별히 감사드린다.

참고문헌

고광민(高光敏), 『제주도포구연구(濟州島浦口硏究)』, 도서출판 각, 2003.

관중(管仲)(김필수 외 3인 공역), 『관자(管子)』, 소나무, 2006.

김봉옥 편, 『朝鮮王朝實錄中耽羅錄』, 제주문화방송, 1986.

金錫翼, 「耽羅紀年」『심재집(心齋集)』(2), 도서출판 제주문화, 1990.

金鍾喆, 『오름나그네』(1)(2)(3), 도서출판 높은 오름, 1995.

大漢韓辭典編纂室 編, 『敎學漢韓辭典』, (株)敎學社, 2007.

렁청진(장연 역), 『지전(智典)』(1권), 김영사, 2003.

민족문화추진회 편, 『신증동국여지승람(新增東國輿地勝覽)』(IV), 민족문화추진회, 1985.

박제가 지음(안대회 옮김), 『북학의(北學議)』, 돌베개, 2004.

연세대학교 국학연구원 편, 『한국 중세의 정치사상과 周禮』, 혜안, 2005.

이강회(김형만 외 1 역), 『운곡잡저(雲谷雜樗』(권1), 新安文化院, 2004.

이강회 · 정약용(김정섭 외 1 역), 『운곡잡저(雲谷雜樗)』(권2), 신안문화원, 2007.

이덕일, 『정약용과 그의 형제들』(1)(2), 김영사, 2008.

田溶新 編, 『한국고지명사전(韓國古地名辭典)』, 고대 민족문화연구소, 1993.

정민, 『다산선생 지식경영법』, 김영사, 2006,

정약용, 『경세유표(經世遺表)』(Ⅰ)(Ⅱ)(Ⅲ), 민족문화추진위원회, 2005.

정약전(정석조 역주), 『자산어보(玆山魚譜)』, 신안군, 1998.

정약전 · 이강회(김형만 외 1 역), 『유암총서(柳菴叢書)』, 신안문화원, 2005.

지재희(池載熙) · 이준녕(李俊寧) 공역, 『주례(周禮)』, 자유문고, 2002.

한승원, 장편소설 『다산(茶山)』(1)(2), 랜덤하우스, 2008.

《본문》

『탐라직방설(耽羅職方說)』 제1권

북해(北海)[1] 이강회(李綱會) 엮음 [輯]

【讀原文】

竊稽[2]周官[3]職方[4]之法掌天下之圖以掌天下之地辨其邦國[5]都鄙[6]四夷八蠻七閩九貉五戎六狄[7]之人民与其財用九穀六畜[8]之數要周之其利害夫是職方之記乃後世一統志[9]之權輿[10]也今我濟州雖處絕海乃中古侯主之國也又其幅員[11]之廣大不特浦上之國[12]故別記其槩以爲私覽

【역문】

그윽이 『주례(周禮)』를 상고해보건대, 직방씨(職方氏)가 천하의 지도(地圖)를 관장하여 천하의 땅을 맡아서 그 큰 나라 · 작은 나라, 도시와 시골, 사이(四夷) · 팔만(八蠻) · 칠민(七閩) · 구맥

1 北海(북해): 본래 '북해(北海)' 란 '북쪽 바다' 란 뜻으로 여기서는 '탐라의 북쪽 바다' 란 의미를 함축하고 있다.

2 竊稽(절계)는 '그윽이 상고해보건대' 란 뜻이다. '절(竊)' 은 본래 '훔치다' 라는 뜻인데, '그윽이' 란 뜻도 있다. 즉, 자신의 표현을 공공연히 표시하지 않는다는 완곡함의 표현으로 겸사(謙辭)의 뜻으로 쓰인 말이다. 이것과 유사한 표현이 『논어(論語)』 '술이(述而)' 편에 보인다. 즉, "子曰述而不作信而好古竊比於我老彭(공자께서 말씀하시길, '옛것을 풀이하되 창작하지 않으며 믿어서 옛것을 좋아하는 것을 그윽이 우리 노팽에게 비유할거나.')" 에서의 '竊(절)' 이란 용례와 상통한다 할 것이다.

3 周官(주관): 『주례(周禮)』의 다른 표현이다. 저자인 이강회는 이 글을 쓸 당시 『주례』를 연구하고 있었다. 그의 또 다른 글 「현주만록(玄洲漫錄)」에는 당시 우이도에 표착해있던 중국 선원 시홍량(施洪量)과의 필담 내용이 실려 소개되고 있

(九貊)·오융(五戎)·육적(六狄)의 백성과 그 재용(財用)·구곡(九穀)·육축(六畜)의 회계를 변별하니, 요컨대 이익되고 손해되는 요소를 두루 파악함이다. 무릇 이 직방의 기록이란 후세의 「일통지(一統志)」의 권여(權輿)가 되는 것이다. 오늘 우리의 제주(濟州)가 비록 바다 한가운데 처해 있긴 하지만 옛날에는 어엿한 제후국(諸侯國)의 한 나라였다. 게다가 그 폭원(幅員)의 광대(廣大)함이란 해상의 나라에 그칠 정도가 아니다. 그러기에 특별히 그 개요(槪要)를 기술하여 나 개인의 열람용으로 삼는다.

【讀原文】

西南入海曰濟州其山鎭曰漢拏其海曰耽海其川韓奈[13]其利橘柚竹箭其民三男三女其畜馬牛豕狗其穀宜麥稷菽[14]

【역문】

서남쪽 바다로 들어간 곳을 일컬어 제주라 한다. 진(鎭)이 되는 명산은 한라(漢拏)라 하고, 바다는 탐해(耽海)라 하며, 그 내[川]는 한내(韓奈)

는데, 그와 작별하며 쓴 글의 첫머리에 이런 표현이 있다.
"…지금 한창 『주관연의(周官演義)』를 쓰고 있는 중인데 아직 전편을 끝내지 못했으나 「천관(天官)」 10권은 이미 써서 책 상자에 보관하고 있다."

4 職方(직방): 『주례(周禮)』에 보이는데, 주(周)나라 시대의 관명(官名)으로서 천하의 지도(地圖)와 토지에 관한 일을 맡았다. 구체적으로 『주례』의 「하관사마(夏官司馬)」편 앞부분에 이런 내용이 실려 있다. "직방씨(職方氏)는 천하의 지도를 관장한다. 천하의 땅을 맡아서 그 큰 나라와 작은 나라와 도(都)와 비(鄙)와 사이(四夷)와 팔만(八蠻)과 칠민(七閩)과 구맥(九貉)과 오융(五戎)과 육적(六狄)의 백성을 구분하고, 그 재용(財用)인 구곡(九穀) 육축(六畜)의 회계를 헤아리고 일에서 이익되고 손해되는 요소를 두루 파악한다." 곧 이강회는 이 글의 첫머리를 『주례』에서 인용해 소개하고 있는 셈이다. 주재희 · 이준녕 공역, 『주례(周禮)』(자유문고, 2002), 388쪽.

5 邦國(방국): 방(邦)은 큰 나라, 국(國)은 작은 나라의 뜻.

6 都鄙(도비): 도시와 촌락, 혹은 서울과 시골.

7 四夷八蠻七閩九貊五戎六狄(사이팔만칠민구맥오융육적): 사이(四夷)는 동쪽 변방의 네 종족, 팔만(八蠻)은 남쪽 변방의 여덟 종족, 칠민(七閩)은 동남지방의 일곱 종족, 구맥(九貊)은 북쪽 변방의 아홉 종족 오융(五戎)은 서쪽 변방의 다섯 종족, 육적(六狄)은 북쪽 변방의 여섯 종족으로 모두 주(周)나라에 복종했던 이민

이다. 이로운 산물로는 귤유(橘柚)와 죽전(竹箭)이 있고, 백성은 남자 세 명 · 여자 세 명이다. 가축은 말 · 소 · 돼지 · 개이고, 곡식은 보리 · 기장 · 콩을 심는 게 알맞다.

【讀原文】

州本耽羅古地都東長一百里西長一百里南對山四十里北臨海州環通三邑七百里 ○耽羅志[15]云高乙那居第一徒良乙那居第二徒夫乙那夫或稱浮[16] 居第三徒今則通環三徒以爲城城周十里南東西三門北背海無門也南對漢山城上置路可立二軌路便騎馳路下環作軍路以便步隊州人尙以一徒二徒三徒名其里

【역문】

주(州)는 본래 탐라 옛 땅의 도읍이다. 동쪽으로 길이가 1백 리요, 서쪽으로 길이가 1백 리이며, 남쪽으로 마주한 산까지 40리요, 북쪽으로는 바다에 임해 있다. 주의 둘레3읍을 통틀어는 7백 리이다.

○『탐라지(耽羅志)』에 이르기를 고을나(高乙

족들이다.

8 九穀六畜(구곡육축): 구곡(九穀)은 메기장, 차기장, 차조, 벼, 마(麻), 콩[大豆], 팥[小豆], 보리, 소맥(小麥)의 9가지 곡식, 육축(六畜)은 말, 소, 돼지, 양, 개, 닭의 6가지 가축.

9 一統志(일통지): 중국의 전국(全國) 여지(輿地)를 기재한 책. 원(元)나라 때의 『일통지(一統志)』는 악린(嶽璘)이 편찬하였으나 지금은 없어졌고, 명(明)나라 때의 『일통지(一統志)』는 이현(李賢) 등이 칙명을 받들어 총 52권을 완성해 현재 전해지고 있다.

10 權輿(권여): 사물의 시초.

11 幅員(폭원): 폭과 둘레, 곧 강역(疆域).

12 浦上之國(포상지국): 바닷가 위의 나라, 곧 해상국가.

13 韓奈(한내): '한내'를 음차(音借)한 한자어. 본래 백록담에서 발원하여 용연의 바닷가로 이어지는 큰 내로서 보통 '대천(大川)', 혹은 '한천(漢川)'이라 일컫는데, 저자는 여기에서 '韓奈(한내)'로 표기하고 있다.

14 문장서술에 있어 강(綱)에 해당하는 이 부분은 철저히 『주례(周禮)』의 표현방식을 차용하고 있다. 예컨대 『주례』 '직방씨(職方氏)'에 관련한 한 기사의 표현 사례를 들면 다음과 같다. "동남쪽을 양주(揚州)라고 하는데, 그 지방의 진(鎭)이 되는 명산은 회계(會稽)라 하고 초목이 무성한 택수(澤藪)를 구구(具區)라 한다. 천(川)은 삼강(三江)이 있고, 호수는 오호(五湖)가 있다. 이로운 산물은 금과 주석과 죽전(竹箭)이고 백성은 남자 2명에 여자 5명이다. 가축은 새와 짐승이 적당하

那)는 제 일도(一徒)에 거(居)하고, 양을나(良乙那)는 제 이도(二徒)에, 부을나(夫乙那) '夫(부)' 는 혹 '浮(부)' 라고 칭하기도 함는 제 삼도(三徒)에 거한다. 오늘날에는 삼도가 온통 성으로써 에워싸 있는데, 성의 둘레가 십 리이다. 남쪽, 서쪽, 동쪽으로 각기 문이 나있고, 북쪽은 바다와 등지어문(門)이 없음 있으며, 남쪽으로는 한라산과 마주해 있다. 성 위로는 도로를 두어 두 대의 수레가 지날 수 있을 정도이므로, 길은 기마가 달리기에 편하다. 성 길 아래는 성을 빙 둘러 군로를 만들어 보병대가 다니기에 편리하다. 주의 백성들은 여전히 일도(一徒) 일도(一徒) · 이도(二徒) · 삼도(三徒)를 고을 명칭으로 삼는다.

【讀原文】

自王城南距康津八百八十里自康津西南距達梁[17]八十里自達發船候風於素安露荷二苫[18]之間抵于楸子苫自楸子苫直抵于禾北浦海路約七百里北極出地与漢陽相差六度有奇是必天度[19]与中原[20]之荊淮[21]相直故我地橘柚產濟如中國之惟荊淮有橘 ○案此

고, 곡식은 벼를 심는 것이 좋다." 지재희 · 이준녕 공역, 『주례(周禮)』, 388쪽 참조.

15 耽羅志(탐라지): 여기서는 이원진(李元鎭)의 『탐라지(耽羅志)』를 지칭하는 것으로 보인다.

16 夫或稱浮(부혹칭부): '夫(부)' 를 혹 '浮(부)' 라고 칭하기도 한다. 이런 표현은 『탐라지』 등 제주향토사 관련 자료에 실려 있지 않다. 추정컨대, 앞의 양을나(良乙那)의 소개에 있어서 '良或稱梁(양혹칭양)' 으로 해야 할 것을 혼동하여 이렇게 원각주를 단 것으로 보인다.

17 達梁(달량): 현재 전라남도 해남군 북평면 이진리의 지명으로서, 이곳 이진(梨津)의 옛 지명이 달량(達梁)이다. 이는 백호(白湖) 임제(林悌)의 『남명소승(南溟小乘)』의 기록을 통해서도 확인된다. 그의 글에 보면 제주로 가는 배를 타기 위해 강진을 거쳐 완도에 도착한 후 이진보(梨津堡)에서 잠시 머물다 다음날 제주로 가는 배를 타게 되었음을 밝히고 있다. 아울러 을묘왜변(1555) 당시 왜병들이 이곳을 침범하여 달량성(達梁城)이 함락되고 참화를 입었던 역사적 사실을 반추하며 울분에 찬 어조로 이런 시를 남겼다. "이진(梨津)은 예전에 달량성 자리(梨津古達梁) / 지나는 길손 서글픈 마음(過客一傷情) / 나라가 왜병의 침략으로 어려웠거늘(國步曾多難) / 장군이 병법을 몰랐다니 …(將軍不解兵) / 우리 군사 달빛 아래 패망하여(全師覆月彙) / 허물어진 성루엔 물소리만 부서지네.(殘壘帶江聲) / 지난 사적 속절없이 분통만 일으키니(往事增孤憤) / 옥경(玉京)을 바라보

卽耽海道里之大槩也誇者以涉水千里爲言然聞之耽人自朝天禾北遇巽風[22]朝發至達梁日尙未暮云安得千里之海一日可航乎實直路多不過五六百里而已則其差極亦不過六度而止矣

【역문】

왕성(王城)으로부터 남쪽 강진(康津)까지의 거리는 8백 80리이고, 강진에서 서남쪽 달량(達梁)까지는 80리이다. 달량에서 발선(發船)하여 소안(素安)·노하(露荷) 두 섬 사이에서 후풍(候風)을 타면 추자(楸子)섬에 다다른다. 추자섬에서 곧바로 화북포(禾北浦)까지는 해로(海路)로 약 7백 리 가량 된다. 주의 가장 북쪽 끝 지점에서 한양(漢陽)과는 서로 '6도(度)' 남짓의 차이가 난다. 이것은 필시 천도(天度)가 중원(中原)의 형주(荊州)·회수(淮水)와 곧바로 부합하기 때문에 우리나라 땅에서는 귤유(橘柚)가 제주에서 산출되는 것이다.중국에서는 오직 형주·회수에서만 귤이 생산됨과 매한가지이다.

○고찰하건대 이것이 탐라 바닷길의 도리(道里)의 대강이다. 과장해서 말하는 이의 경우 물을 건넘이 천 리 길이나 된

며 긴 노래 부르노라(長歌望玉京)." 임제(林悌) 저(신호열·임형택 공역), 『백호전집(하)』(창작과비평사, 1997), 798-799쪽. 한편 이 책의 저자 이강회는 '달량(達梁)' 이란 곳이 제주와 육지를 잇는 모든 화물의 선적 항구이자, 신임 목사 등이 제주로 향하는 출발지로서 인적 교류가 활발히 전개되는 곳임을 여러 곳에서 자주 언급하고 있기도 하다.

18 苫(섬): 섬이라는 뜻의 한자어 '島(도)' 를 쓰지 않고, 우리말 발음표기와 똑같은 '苫(섬)' 자를 그대로 쓰고 있음이 인상적이다.

19 天度(천도): 일월성신(日月星辰)의 운행을 재기 위하여 천체(天體)의 전주(全周)를 360등분한 것.

20 中原(중원): 중국 대륙을 지칭함. 한편 저자는 이 책 다른 곳에서 '中山(중산)' 이란 지명을 현재 일본의 오키나와인 '류쿠[琉球]' 를 지칭하는 말로도 삼고 있다.

21 荊淮(형회): 중국의 지명 중 형주(荊州)와 회수(淮水)를 지칭한 것으로 보임. 한편 춘추시대 제(濟)나라의 유명한 재상 안영(晏纓)은 '강남의 귤을 강북에 옮겨 심으면 탱자가 된다(江南種橘江北爲枳).' 라는 유명한 말을 남기기도 했다.

22 巽風(손풍): 동남풍

다고 한다. 그러나 탐라 사람의 소문에 의하면 조천(朝天)이나 화북(禾北)포구에서 손풍(巽風)을 만나 아침에 출발하여 달량(達梁)에 이르면 날이 아직 저물지 않는다고 한다. 어찌 천 리나 되는 바닷길을 하루에 항해할 수 있단 말인가? 실제로 직선거리는 길어야 오륙백(五六百) 리일 뿐이다. 곧 극과의 차이라고 해봐야 또한 천도(天度) 6도에 그칠 뿐이다.

【讀原文】

漢拏山一名瀛洲山山高十餘里自州城南門至山側二十五里有竹城[23]洞自竹城之山頂二十里有白鹿潭然直高不過十餘里頂有白鹿潭其周十餘丈自山頂東北下五里有將月潭[24]而大路直達于上頭○案嘗余登沃州[25]塞巖苫[26]墩臺之上東南雲際依俙望漢山蓋山之最高嶢者也其山形正如鉢會鉢盛飯器會其蓋也四圍山麓走爲石砦流入洋中至三二十里其形正如蜈蚣之足蒙衝[27]大艦無由釁[28]入故負險內固以自守備外敵無處內逼此眞天塹[29]之地也詳見船泊錄其山峯有九十九峙御丞峯[30]在州北石涅峯[31]在州南節月峯[32]在山南任述峯[33]在山

23 竹城(죽성): 현재 제주시의 오등동(梧登洞)을 일컬음인데 예로부터 이곳은 'ㄱ다시' 라는 명칭으로 불려왔다. 예전에 한라산을 등산할 경우 보통 이곳에서 하룻밤을 묶고, 다음날 새벽에 출발하곤 했다.

24 將月潭(장월담): '산 정상에서 아래로 5리 정도의 거리에 위치해 있다.' 란 표현을 단 것으로 보아 현재의 장올악(長兀岳)을 두고 일컫는 듯하다. 이곳 정상의 화구호는 설문대할망이 빠져 죽었다는 전설이 전할 정도로 그 연못의 규모가 광활하다.

25 沃州(옥주): 전라남도 진도군의 옛 이름. 田溶新 編, 『한국고지명사전』, 190쪽.

26 塞巖苫(새암섬): 현재 전라남도 진도군 조도면의 '관매도(觀梅島)' 를 지칭하는 듯하나 명확하지 않다. 이곳의 가장 높은 곳으로 돈대산(219m)이 있다.

27 蒙衝(몽충): 좌우로 각 4개씩의 도(櫂)를 저어 이동하면서 싸움에 임하는 전투함정.

28 釁(흔): 틈.

29 天塹(천참): 천연의 요새.

30 御丞峯(어승봉): 현재의 어승생악(御乘生岳)을 두고 일컬음. 이하 오름의 지명은 김종철 저, 『오름나그네』(1995)를 참조했음.

北丹柰峯[34]在山西鉢里峯[35]亦山西東武峯[36]古妙峯[37]卽其最特者也游人翫者際日淸明數旬可賞若雲圍霧深三朔爲限山高蓋迫洽天四月雪澌始融六月非縕絮不可躋臨上頭

【역문】

한라산은 일명 영주산(瀛洲山)이라고 한다. 산의 높이가 10여 리이다. 주성(州城) 남문에서부터 산 쪽으로 25리를 가면 죽성동(竹城洞)에 이르고, 다시 죽성에서 산등성이 정상까지 20리를 가면 백록담이 있다. 그러나 수직의 높이는 불과 10여 리이다. 산 정상에는 백록담(白鹿潭)이 있는데, 그 둘레가 10여 장(丈)이나 된다. 산 정상에서 동북쪽 아래로 5리를 가면 장월담(將月潭)이 있는데, 여기에서 곧바로 산머리에 이르도록 큰 길이 뚫려있다.

○고찰하건대 나는 일찍이 옥주(沃州)의 변방에 위치한 한 바위섬의 돈대(墩臺) 정상에 오른 적이 있는데, 동남쪽 구름가 너미로 이렴풋이 보이는 한라산을 바라보노라니 대체로 산 중에 가장 높이 우뚝 솟아있었다. 산의 형세란 마치 바리때[鉢]의 뚜껑[會]과 같았다. 발(鉢)은 밥을 담는 그릇이요, 회(會)는 그 덮개이다. 사방으로 둘러싸인 산록(山麓)은 뻗어 나가 마치 돌로 쌓은 성인 보루가 되면서 바다 가운데로 흘러들어감이 3, 20

31 石涅峯(석열봉): 현재의 돌오름[石岳]을 지칭하는 듯함.

32 節月峯(절월봉): 현재의 송악산(松岳山)을 두고 일컫는 듯함. 송악산의 별칭이 '절울이' 인데, '절(파도)이 운다.' 라는 의미에서 붙여진 명칭이다. 따라서 '절울이' 음가와 비슷한 한자어 '절월(節月)' 을 차용한 것으로 보인다.

33 任逑峯(임술봉): 미상(未詳).

34 丹柰峯(단내봉): 현재의 단하봉(丹霞峯)을 지칭하는 듯함.

35 鉢里峯(발리봉): 현재의 '바리메오름' 으로서 '발이악(發伊岳)' 이라고 표기한다. 산형이 바리때 모양이라 고문헌에 '발산(鉢山)' 혹은 '발악(鉢岳)' 으로 표기되어 나타나기도 한다.

36 東武峯(동무봉): 미상(未詳). 혹시 전설상 신선이 산다고 알려진 '동무소협(東巫小峽)' 을 두고 일컫는 것인지도 모른다.

37 古妙峯(고묘봉): 미상(未詳).

리 정도 되어 보였다. 그 형상이 바로 지네[蜈蚣]의 발과 같이 생겨있어서, 아무리 몽충(蒙衝)이나 대함(大艦) 같은 큰 배라 해도 들어갈 틈이 없다. 그런고로 험함을 업고 안으로 견고해서 스스로를 수비(守備)하면 외적(外敵)이 안으로 핍박할 곳이 없으니 이곳이야말로 참으로 천연의 요새인 참호(塹壕)인 셈이다.자세한 내용이 선박록(船泊錄)에 있다. 산봉우리가 아흔아홉 고개인데 어승봉(御丞峯)주(州)의 북쪽에 위치함 · 석열봉(石涅峯)주의 남쪽에 있음 · 절월봉(節月峯)산남에 있음 · 임술봉(任述峯)산북에 있음 · 단내봉(丹奈峯)산 서쪽에 있음 · 발리봉(鉢里峯)역시 산 서쪽에 있음 · 동무봉(東武峯) · 고묘봉(古妙峯) 등은 곧 최고로 특이한 것들이라. 자연을 찾아 노닐고 완상하는 자들이 일기가 맑고 갠 날 수십 일 동안 감상할 수 있다. 만약 구름이 두르고 안개가 자욱하면 3개월로 제한한다. 산이 높아 대개 맑은 하늘까지 닿을 기세이다. 4월이 되어서야 비로소 눈과 석얼음이 녹기 시작하고, 유월에도 솜옷을 입지 않고서는 산꼭대기까지 올라갈 수가 없다.

【讀原文】

耽海北抵達梁七百里東望与徐苫在興陽[38]西望可佳苫[39]在羅州屬南無遮望之際海洋西風則憂漂日本北風則憂漂中山[40]蓋土人之所

38 興陽(흥양): 현 전남 고흥군 도화면 일대. 태조 6년(1397)에 설치되었고, 고종 32년(1896)에 군으로 승격, 고흥군으로 개칭되었다. 신안문화원 편, 『지도군총쇄록(智島郡叢瑣錄)』(신안문화원, 2007), 47쪽에서 인용.

忌也 ○其爲海四嚮離三十里外始水深百丈蓋準釣船鉤絲之長也東海比西尤深 ○韓柰川自白鹿注于三所場牧地也爲韓柰川迆注于州城西北長流四十餘里西入于海廣可三十丈川入海滙爲龍演池[41]周五十丈深可百丈旱則祭沈爲濟伯游宴之所 ○案韓柰者方言之大川也此爲濟州之最大其外又有都近川在山西別覩川在山北蒼川在山南天池川在大靜霙川[42]在旌義諸名不可盡記

【역문】

탐해(耽海)의 북쪽 달량(達梁)까지는 7백 리이다. 동쪽으로 바라보면 여서(与徐)섬홍양(興陽)에 있음이 있고, 서쪽으로 바라보면 가가(可佳)섬나주(羅州)에 소속됨이 있다. 남쪽으로는 시야가 차단됨이 없다. 해양에 갈바람[西風]이 일면 일본에 표류될까 우려되고, 하늬바람[北風]이 일면 중산(中山 - 오키나와)으로 표류될까 염려된다. 이는 대개 토박이들이 기피하는 바이다.

○바다인 곳을 사면으로 30리(里)쯤 밖으로 떨어져 나오면 비로소 수심이 1백 장(丈) 정도 된다. 이는 대개 고기잡이배가

39 可佳苫(가가섬): 현재의 전라남도 신안군 흑산면에 딸린 가거도(可居島)를 지칭한 듯하다.

40 中山(중산): 현재의 오키나와를 지칭. 저자 이강회의 또 다른 저술인 『유암총서(柳庵叢書)』 중 「표해시말(漂海始末)」에서 우이도 사람 문순득(文淳得)의 첫 표착지인 유구(琉球)에 대해서 이렇게 각주를 달고 있다. "유구(琉球)는 지금 중산(中山)으로 바뀌었다.(琉球今改中山)" 정약전 · 이강회, 『유암총서』(신안문화원, 2006), 70쪽.

41 龍演池(용연지): 용두암 동쪽에 위치한 용연(龍淵). 이 책에서 이강회의 지명 표기 중 몇몇 한자어가 통상적으로 사용하는 자와 약간 달리 나타남을 볼 수 있다. 예컨대 용연을 두고서 '龍淵' 이 아닌 '龍演' 으로, 별도천을 두고서 '別刀川' 이 아닌 '別覩川' 등으로 표기함이다. 이는 아마도 그 기록의 취재원이 서지류(書誌類)보다는 구술에 의한 의존도가 높았음을 반증하는 한 사례라 할 것이다.

42 霙川(영천): 서귀포시 영천동(靈泉洞)에 있는 '돈내코' 일대를 두고 이름. 조선시대에 이곳에 영천관(靈泉館)이 들어서있었는데, 현재는 그 터만 남아있음. 한사 '霙(영)' 은 '靈(영)' 과 같은 자이다.

낚싯줄을 드리우는 길이를 기준으로 보면 그러하다. 동해는 서해에 비해 더욱 깊다.

○한내천(韓奈川)은 백록담에서부터 삼소장(三所場)목장지대임으로 구불구불 쏟아져서 된다. 한내천이 주성(州城) 서북쪽으로 구불구불 흘러가, 길게 40여 리를 흘러 서쪽으로 바다에 들어가는데, 너비는 족히 30장(丈)이나 된다. 이 내[川]가 바다로 돌아들어 모여서 용연(龍演)못이 된다. 못의 둘레는 50장(丈)이고, 깊이는 족히 100장(丈)은 될 것이다. 가물면 이곳에서 희생을 가라앉혀 제사를 지내며, 제주 목사들이 주연을 베풀며 노는 장소이기도 하다.

○고찰하건대 '한내(韓奈)'라는 말은 '대천(大川)'을 의미하는 방언(方言)이다. 이 내[川]가 제주에서는 가장 크다. 이 밖에도 도근천(都近川)산 서쪽에 있음·별도천(別覩川)산 북쪽에 있음·창천(蒼川)산 남쪽에 있음·천지천(天池川)대정(大靜)에 있음·영천(靈川)정의(旌義)에 있음 등 여럿이 있는데 그 이름들을 다 기록할 수가 없다.

【讀原文】

其橘柚唐橘霜橘金橘洞庭橘酸不堪食山橘爲陳皮青橘爲青皮枳殼諸種置果園四十四樊立果直樊[43]每三家以課種諸橘充其　國貢　○謹案通編[44]工典栽植條云濟州

三邑柑橘枳木[45]每年栽接榧木櫨木山柚子二季木定旁近人看守歲抄具數啓 聞[46] ○又云濟州等三邑稀貴果木令居民栽植培養考其勤慢賞罰勸懲柑子唐柑子[47]各八株乳柑二十株洞庭橘十株栽植者復戶唐柑子唐柚子各五株乳柑洞庭橘各十五株栽植者給綿布三十疋[48]

【역문】

귤유(橘柚)는 당귤(唐橘) · 상귤(霜橘) · 금귤(金橘) · 동정귤(洞庭橘)시어서 먹을 수 없음 · 산귤(山橘)진피(陳皮)로 됨 · 청귤(青橘)청피(青皮)로 됨 · 지각(枳殼) 등 여러 종류이다. 과원(果園)을 44곳이나 설치하고 과직번(果直樊)을 두었다. 매 세 집마다 여러 종류의 귤을 파종케 해서 나라의 진공품을 충당하게 했다.

○삼가 고찰하건대『대전통편(大典通編)』「공전(工典)」'재식(栽植)' 조에는 이르기를 "제주 3읍에서는 감목(柑木) · 귤목(橘木) · 지목(枳木)을 매년 식재하거나 접붙이기를 한다. 비자나무[榧木] · 옻나무[깁木] · 산유자(山柚子)는 이년목[二

43 果直樊(과직번): 과원지기. 특히 과원지기[果直樊]는 조선 후기 제주사회에서 6고역(六苦役)의 하나로 칠 정도로 매우 고달픈 직업이었다. 이원조(李源祚) 목사는 그의 『탐라록(耽羅錄)』에서 '육고가(六苦歌)' 를 지어 노래하기도 했는데, 특히 과원지기의 경우 '진피(陣皮)를 상납함에 있어 책임량에 못 미칠 때면, 이를 몰래 훔치거나 사적으로 돈을 주어 사다가 충당해야 할 정도' 라고 표현하고 있기도 하다. 이원조(李源祚) 저, 『탐라록(耽羅錄)』(제주대학교탐라문화연구소, 1989), 388-391쪽.

44 通編(통편): 『대전통편(大典通編)』을 두고 일컬음. 이 책은 경국대전(經國大典) · 대전속록(大典續錄) · 대전후속록(大典後續錄) · 수교집록(受敎集錄) · 속대전(續大典)을 한데 모아 이룬 책으로서 조선 정조(正祖)의 명을 받아 김치인(金致仁)이 편집하였음. 6권 5책.

45 枳木(지목): 원전에는 이 '지목(枳木)' 대신에 '유목(柚木)' 으로 표기되어 있다. 법제처 편, 『대전통편(大典通編)』(법제처, 1963), 692쪽.

46 원문에는 '啓王聞(계왕문)' 으로 되어 있어 '왕에게 계문(啓聞)한다' 로 되어 있는데, 여기에서는 '王(왕)' 이란 글자가 빠져있고, 대신에 한 칸을 띠어 놓았다.

47 柑子唐柑子(감자당감자): 『대전통편(大典通編)』 원문에는 이 부분이 '唐柑子唐柚子(당감자당유자)' 로 되어 있다. 법제처 편, 『대전통편(大典通編)』, 693쪽.

48 본래 『대전통편(大典通編)』의 원문에는 이후에 더 언급된 부분이 있는데, 『탐라직방설』에는 빠져 있다. 그것을 소개

季木]이 되면 가까운 곳에 거주하는 사람을 지정해서 지키고 돌보게 하고, 해마다 숫자를 갖추어서 보고하여 올린다."라고 했다.

○ 또한 이렇게도 말한다. "제주 등 3읍에 있어서의 희귀한 과일나무는 그곳에 거주하는 백성들로 하여금 식재(植栽)·배양(培養)케 하며, 그들의 근면함과 나태함을 조사하여, 혹은 상(賞)주고 혹은 벌(罰)주어 권장(勸奬) 응징(應懲)한다. 감자(柑子)와 당감자(唐柑子) 각 8그루, 유감(乳柑) 20그루, 동정귤(洞庭橘) 10그루를 식재한 자에게는 복호(復戶)하고, 당감자·당유자 각 5그루와, 유감·동정귤 각 15그루를 식재한 자에게는 면포 30필을 지급한다."

【讀原文】

其竹箭[49]州城西距六十里有明月鎭鎭下水程十里許有飛楊苫周回五里養竹以充軍庫之矢

【역문】

죽전(竹箭)은, 주성 서쪽 60리 지경에 명월진(明月鎭)이 있어서, 그 명월진 아래로 물길 십 리쯤 되는 곳에 위치한 비양(飛楊)섬에서 나온다. 섬 주위는 5리인데, 여기에서 대나무를

하면 다음과 같다. "… 면포 30필을 지급한다. 만약 상을 받은 자와 복호(復戶)의 허용을 받은 후에 과일나무 배양(培養)에 부주의로 인하여 고손(枯損)하게 한 경우에는 상급한 면포는 이를 반납케 하며 또 본역(本役)으로 환원시킨다. 복호인(復戶人)이 식재한 과일나무 그루 수는 6년마다 이를 통산하여 총그루 수가 원래의 그루 수를 공제한 외에 배수(倍數)에 상당한 자에게 대하여는 국량(局量)하여 면포(綿布)를 상급하고 해마다 왕에게 보고한다." 법제처 편, 『대전통편(大典通編)』, 693쪽.

49 竹箭(죽전): 대나무로 만든 화살.

키워 군고(軍庫)의 화살[矢]을 충당케 한다.

【讀原文】

三男三女者耽羅初無人物有神人從地湧出長曰良乙那次曰高乙那季曰夫乙那獵海邊得三女及駒犢五穀種分娶之後高厚高清清厚之從子[50]來朝新羅羅王號厚爲星主賜國号曰耽羅今州城南五里尙有三神穴[51]穴形成品字州人立祠祀之 ○案近日耽邑高梁之戰[52]作一朋比之鬩蓋耽人以爲三神降生高則爲君良則爲臣夫則爲民故立祠之初以高主壁以良主東壁以夫主西壁百世奠祭矣近日高微梁盛乃易其位次主降臣升變改耽羅舊志至於兩家絶姻廢戚

50 淸厚之從子(청후지종자): '청(淸)은 후(厚)의 조카[從子]임' 이란 저자의 표현은 다른 문헌기록에서는 찾아보기 힘들다. 이는 아마도 이 책의 저자인 이강회가 '고청(高淸)의 신라 입조 시 왕자(王子) 칭호 사용' 을 그 근거로 삼아 그렇게 추단한 것이라 생각된다. 그런데 학계에서는 '왕자(王子)' 를 '왕의 아들' 로 여기지 않고, 관직명의 일종으로 보는 게 대체적인 추세이다.

51 三神穴(삼신혈): 현재 '삼성혈(三姓穴)' 의 다른 표현임. 옛 표기로 '모흥혈(毛興穴)' 이라고 했음.

52 高梁之戰(고량지전): 고(高)씨 문중과 양(梁)씨 문중 간의 세력다툼.

【역문】

'백성은 세 아들과 세 딸이나(三男三女)' 라고 한 것은 이렇다. 탐라에는 처음에 사람과 동물이 없었다가 신인(神人)이 땅에서 솟아나와 장(長)이 양을나(良乙那), 차(次)가 고을나(高乙那), 막내[季]가 부을나(夫乙那)가 되었다. 바닷가에서 수렵을 하는 동안 세 여인과 송아지[駒犢], 오곡 종자를 얻어, 각기 한 여인씩을 아내로 맞이하였다. 후에 고후(高厚)와 고청(高淸)청(淸)은 후(厚)의 조카[從子]임이 신라로 가서 조공을 바쳤는데, 신라왕은 후를 성주(星主)라 부르고 국호(國號)를 하사하기를 '탐라(耽羅)' 라 했다. 오늘날 주성(州城) 남쪽 5리에는 여전히 삼신혈(三神穴)이란 곳이 있다. 혈(穴)의 모양이 '品(품)' 자 형으로 형성되어 있는데, 주(州)의 백성들이 그곳에 사당을 세워 제사를 올린다.

○고찰하건대 근일(近日)에 탐읍(耽邑)에서는 '고량지전(高梁之戰)' 에 한 패거리를 이루어 시끌벅적하게 군다. 대개 탐라 백성들은 삼신(三神)이 강생(降生)했을 때 고(高가) 곧 임금[主]이 되고, 양(良)은 곧 신하[臣]가, 부(夫)는 곧 백성[民]이 되었다고 여겨서 사당을 세우던 초기에는 고(高)로 주벽(主壁)을, 양(良)으로 동벽(東壁)을, 부(夫)로 서벽(西壁)을 주재케 하면서 백세(百世) 동안 존숭하여 제를 올려왔는데, 근일에 고(高)의 세력이 미약하고, 양(梁)의 세력이 왕성해지면서 마침내 그 신위의 차례가 바뀌어, 주(主)는 강등되고 신(臣)은 승진되어 탐라의 옛 지(志 - 지리지)를 변개하여 양쪽 가문이 서로 혼인을 금하게 하고 친척관계를 폐지하게 된 것이다.

【讀原文】

其民田無結束之法無田案無 國稅 ○其牧場馬不游

養處隨起執稅隨陳免稅濟伯食之上田粟種一斗牟種田爲十斗者收粟十斗中田粟八斗下田粟六斗

【역문】

백성들은 밭에 결속(結束)의 법이 없다. 토지대장[田案]이 없으므로 결국 나라에서 매기는 세금 또한 없다.

○제주 목장은 말들이 뛰어놀지 않는데, 만일 목장밭을 일구기만 하면 그에 따라 과세를 집행하고, 묵혀두면 세금을 면제해주었다. 제주목사는 그곳을 갈아먹게 했는데, 상전(上田)의 경우 조[粟] 종자 1두(斗)모종전(牟種田)은 10두(斗)가 됨를 주어서 조 10두(斗)를 걷어들이고, 중전(中田)의 경우는 조 8두(斗)를, 하전(下田)은 조 6두(斗)를 각기 걷었다.

【讀原文】

其屬縣二其鎭防九其軍一軍其牧元芚十場山芚三場砦芚三場

【역문】

부속된 현(縣)이 두 개요, 방어하는 진(鎭)이 아홉 개소요, 군(軍)은 한 개의 군이 있다. 목장은 원둔(元芚) 10장(場), 산둔(山芚) 3장, 채둔(砦芚) 3장이 있다.

【讀原文】

大靜在州南百里地廣東長七十里西長六十里北至山五十里南至海十五里縣置監其坊三[53]其城周　里[54]城制如州　○旌義在州東百十里地廣東長九十里西長九十里北至山四十里南至海二十里縣置監其坊亦三其城周　里[55]城制如州　○案濟州本耽羅古都其屬縣十有六邑故茲採以錄作爲文獻之徵

53 其坊三(기방삼): 마을이 셋이다. 여기에서 '坊(방)' 이란 오늘날 행정구역상 '면(面)' 과 같은 단위의 큰 마을로서 이것이 후대로 오면서 좌면(左面) · 중면(中面) · 우면(右面) 등으로 바뀌어 불리게 된다. 뒤이어 나오는 정의현의 경우에도 마찬가지로 적용된다.

54, 55 ( )里: 원문에 공란으로 숫자가 각각 누락되어 있음.

【역문】

대정(大靜)은 주의 남쪽 1백 리 되는 곳에 있다. 지역의 넓이는 동쪽으로 길이가 70리요, 서쪽으로 길이가 60리이며, 북쪽으로 산에 이르기까지 50리요, 남쪽으로 바다에 이르기까지 15리이다. 현에는 현감(縣監)을 두었고, 큰 마을[坊]이 셋이다. 성(城)의 둘레는 □리이고, 성곽의 제도는 주(州)와 같다.

○정의(旌義)는 주의 동쪽 1백 10리 되는 곳에 있다. 지역의 넓이는 동쪽으로 길이가 90리요, 서쪽으로 길이가 90리요, 북쪽으로 산에 이르기까지 40리요, 남쪽으로 바다에 이르기까지 20리이다. 현에는 현감을 두었고, 큰 마을[坊]은 또한 셋이다. 성의 둘레는 □리이고 성곽의 제도는 주(州)와 같다.

○고찰하건대 제주는 본래 탐라의 옛 도읍으로서 거기에 부

속된 현(縣)에는 16개소의 고을[邑]이 있었다. 그러기에 이에 채록하여 문헌의 징험으로 삼는다.

【讀原文】

朝天縣在州東三十里 今鎭

金寧縣在州東六十里 今左面地

咸德縣在州東四十里 今在左面地

別防縣在州東百里 今鎭

都近縣在州西二十里 今中面地

貴日縣在州西四十里 今新右面地

涯月縣在州西四十五里 今鎭

歸德縣在州西五十里 今舊右面

明月縣在州西六十五里 今鎭

頭毛縣在州西百里 今舊右面

遮歸縣在大靜四十里 今鎭

毛瑟縣在大靜三十里 今鎭

中文縣在大靜　　里

西歸縣在旌義七十里 今鎭

衣貴縣在旌義

水山縣在旌義二十里 今鎭

案耽羅雖是南蠻附庸之國其所錫邑名頗能雅好非仇

知只山今金溝56只伐只今高山之號意者此邑之名亦自新羅景德之改號而正其蠻俗之陋也

56 金溝(금구): 현재 전라북도 전주시 인근의 지명임. 『신증동국여지승람(新增東國輿地勝覽)』(제34권)의 금구현(金溝縣) 편 건치 연혁 조에 보면 이런 내용이 소개되고 있다. 곧 "금구현은 본시 백제 때 구지지산(仇知只山)현이었는데 신라 때 지금의 이름으로 고치어 전주의 영현으로 만들었다."라고 함이 그것이다. 민족문화추진회 편, 『신증동국여지승람(新增東國輿地勝覽)(IV)』(민족문화추진회, 1985), 465쪽.

【역문】

조천현(朝天縣)주(州) 동쪽 30리에 있음 - 현재 진(鎭)

김녕현(金寧縣)주(州) 동쪽 60리에 있음 - 현재 좌면(左面) 땅

함덕현(咸德縣)주(州) 동쪽 40리에 있음 - 현재 좌면(左面) 땅

별방현(別防縣)주(州) 동쪽 100리에 있음 - 현재 진(鎭)

도근현(都近縣)주(州) 서쪽 20리에 있음 - 현재 중면(中面) 땅

귀일현(貴日縣)주(州) 서쪽 40리에 있음 - 현재 신우면(新右面) 땅

애월현(涯月縣)주(州) 서쪽 45리에 있음 - 현재 진(鎭)

귀덕현(歸德縣)주(州) 서쪽 50리에 있음 - 현재 구우면(舊右面)

명월현(明月縣)주(州) 서쪽 65리에 있음 - 현재 진(鎭)

두모현(頭毛縣)주(州) 서쪽 100리에 있음 - 현재 구우면(舊右面)

차귀현(遮歸縣)대정현 40리에 있음 - 현재 진(鎭)

모슬현(毛瑟縣)대정현 30리에 있음 - 현재 진(鎭)

중문현(中文縣)대정 □리에 있음

서귀현(西歸縣)정의현 70리에 있음 - 현재 진(鎭)

의귀현(衣貴縣)정의현에 있음

수산현(水山縣)정의현 20리에 있음 - 현재 진(鎭)

고찰하건대 탐라가 비록 남만(南蠻)의 부용국(附庸國)이라고는 하지만 하사받은 고을이름이 자못 우아할 수 있으니, 구지지산(仇知只山)현재의 금구(金溝), 지벌지(只伐只)현재의 고산(高山) 등의 호칭이 뜻하는 바와는 다르다. 이 고을 명칭은 역시 신라의 경덕왕(景德王) 때 호칭이 개정됨으로써 만속(蠻俗)의 고루함이 바로잡혔다.

【讀原文】

鎭坊一曰明月鎭在州西六十五里獨浦上置萬戶萬戶以土武弁爲之二曰禾北在州東十里三曰朝天在州東三十里四曰別防在州東百里五曰水山在旌義東二十五里六曰西歸在旌義西七十里七曰涯月在州西五十里八曰遮歸在大靜西四十里九曰毛瑟在大靜西三十里皆置助防將土將[57]校爲之鎭皆有城城制比州皆有軍路 ○案我國諸州未嘗置城上軍路此豈非濟之所羞乎

57 土將(토장): 토박이 출신의 장수.

【역문】

진(鎭)이 들어선 마을의 첫째는 명월진(明月鎭)인데, 주(州) 서쪽 65리에 있다. 이곳은 독포(獨浦) 위에 만호(萬戶)를 두었고, 만호는 토박이 출신의 무사(武士)로써 그것을 삼았다. 두 번째는 화북(禾北)주 동쪽 10리에 있음, 세 번째는 조천(朝天)주(州)

동쪽 30리에 있음, 네 번째는 별방(別防)주(州) 동쪽 1백 리에 있음, 다섯 번째는 수산(水山)정의(旌義) 동쪽 25리에 있음, 여섯 번째는 서귀(西歸)정의(旌義) 서쪽 70리에 있음, 일곱 번째는 애월(涯月)주(州) 서쪽 50리에 있음, 여덟 번째는 차귀(遮歸)대정(大靜) 서쪽 40리에 있음, 아홉 번째가 모슬(毛瑟)대정(大靜) 서쪽 30리에 있음이다. 모두 조방장(助防將)과 토교(土校)를 두어 다스리게 한다. 진(鎭)에는 모두 성곽이 있다. 성곽의 제도가 주(州)를 따라서 모두 군사도로가 있다.

○고찰하건대 우리나라의 여러 주(州)에는 아직껏 성 위에 군사도로를 설치한 적이 없다. 이것이 어찌 제주에게 부끄러운 바가 아니겠는가?

【讀原文】

萬二千五百人爲一軍其軍有馬兵束伍二名置左馬隊右馬隊隊有別將俾率三部置中部左部右部部有千摠俾率六司置中左司中右司前左司前右司後左司後右司司有把摠俾率三十六哨官哨下有旗旗各有摠旗下有隊隊各有將隊下有書記記總卒　○其鎭防防卒以防將爲帥以防屬爲卒視防大小置師二千五百人置旅五百人置卒百人也　○其城丁之法毋論大民以戶版之數皆隷城丁臨陣對敵以一軍當之其城丁入保城守者故

謂之城丁　○案大司馬制軍之法萬有二千五百人爲軍五六軍大國三軍次國二軍小國一軍今聞濟之置軍乃倣周制意者耽羅古制本倣周禮仍以襲之者也[58]

58 『주례(周禮)』 '하관사마(夏官司馬)' · 상(上)편에 군제(軍制)에 대한 내용이 이와 똑같이 실려 있음. 池載熙 외1인 공역, 『주례(周禮)』, 324쪽 참조.

【역문】

1만 2천 5백 명이 일군(一軍)이다. 군에는 마병(馬兵)과 더불어 속오(束伍)군 2부류가 있어, 좌마대(左馬隊)와 우마대(右馬隊)를 두었다. 대(隊)에는 별장(別將)이 있어서 그로 하여금 3부(部)를 통솔케 했는데, 중부(中部) · 좌부(左部) · 우부(右部)를 두었다. 부(部)에는 천총(千摠)이 있어서 그로 하여금 6사(司)를 통솔케 했는데, 중좌사(中左司) · 중우사(中右司) · 전좌사(前左司) · 전우사(前右司) · 후좌사(後左司) · 후우사(後右司)를 두었다. 사(司)에는 파총(把摠)이 있어서 그로 하여금 36초관(哨官)을 통솔케 했다. 초(哨) 아래로 기(旗)가 있고 기는 제각기 총(摠)이 있다. 기(旗) 아래로 대(隊)가 있고 대에는 제각기 장(將)이 있다. 대(隊) 아래로 서기(書記)가 있으며, 서기가 군졸을 총괄한다.

○진(鎭)을 방어함에 있어서, 방어하는 군졸이란 방장(防將)으로서 대장[帥]을 삼고, 방속(防屬)으로서 졸(卒)을 삼는다. 방(防)의 크고 작음에 따라 사(師)2,500명를 두고, 여(旅)500명를

두고, 졸(卒)100명이라을 두었다.

○ '성정(城丁)의 법' 이란 대민(大民)의 경우도 따질 것 없이 모두 호판(戶版)에 적힌 숫자가 모두 성정(城丁)으로 예속(隸屬)되어 진중에서 적을 맞닥뜨리면 일군(一軍)으로서 대적한다. 성정으로 입보(入保)하고 성을 지키는 것이므로 그것을 '성정(城丁)' 이라고 한다.

○고찰하건대 대사마(大司馬)의 군 통솔법에는 1만 2천 5백명이 5, 6군(五六軍)을 이루는데, 대국(大國)은 3군(三軍) 차국(次國)은 2군(二軍) 소국(小國)은 1군(一軍)이라 하였다. 지금 듣자니 제주에 군 병력을 두는 것은 주(周)의 제도를 모방하고 있다. 생각건대 탐라의 옛 제도가 본래 『주례(周禮)』를 그대로 모방해서 답습한 것인 듯하다.

【讀原文】

牧地元苼一曰一所場二曰二所場三曰三所場四曰四所場五曰五所場六曰六所場已上在州界七曰七所場八曰八所場已上在大靜九曰九所場十曰十所場牛馬並屯在旌義場在平地置元苼監牧官州倅判官也兼有之

其山場上曰上鏚場中曰中鏚場下曰甲馬場在旌義境中古有金闕其名[59]養馬千匹以貢于國仍置三場以金氏世襲牧監之職 ○案此乃周官以牧得民之實效也如金

氏者功不下於秦非矣[60]

其牸場一曰甘波苫[61]在毛瑟鎮下西洋二十里養國牛千匹二曰牛屠苫[62]在別防鎮下十里養馬二百匹三曰飛揚島在明月鎮下十里養犧羊以供聖祀今無有

其私芚無牆惟牧子驅牧公馬萬餘匹私馬富者多養百匹貧者亦十餘匹騎馬農牛繫養而無火食[63]之法餘則放牧

【역문】

목장지로서 원둔(元芚)은 첫째 1소장(一所場), 둘째 2소장(二所場), 셋째 3소장(三所場), 넷째 4소장(四所場), 다섯째 5소장(五所場), 여섯째 6소장(六所場)이상은 주(州)의 경계 지점에 있음, 일곱째 7소장(七所場), 여덟째 8소장(八所場)이상은 대정(大靜)에 있음, 아홉째 9소장(九所場), 열째 10소장(十所場)소·말을 함께 모아둠, 정의(旌義)에 있음이다. 목장은 평지에 있고, 원둔(元芚) 감목관(監牧官)을 두었다. 주졸(州倅)판관(判官)임이 이를 겸했다.

산장(山場)은 상(上)을 일컬어 상감장(上鹹場), 중(中)은 중감장(中鹹場), 하(下)는 갑마장(甲馬場)정의(旌義) 근방에 있음이라 부른다. 옛적에 김(金)이름은 빠짐이라는 사람이 말 1천 필(匹)을

59 闕其名(궐기명): '이름을 뺌' 이라 했는데, 여기서의 빠진 이름이란 구체적으로 김만일(金萬鎰)이다.

60 功不下於秦非矣(공불하어진비의): "공(功)이 진(秦)나라 때의 비자(非子)보다 못하지 않다." 진비자(秦非子)는 말을 길러 제후의 반열에 오른 사람으로 잘 알려져 있다. 예컨대 정약용(丁若鏞)의 『목민심서(牧民心書) - 호전육조(戶典六條)』「권농(勸農)」편에 보면, "진비자는 말을 기르다가 제후가 되었다(秦非子以養馬列爲諸侯)" 란 구절이 보인다. 정약용(민족문화추진회 역), 『목민심서 (II)』(민족문화추진회, 1969), 115쪽.

61 甘波苫(감파섬): 현재의 가파도.

62 牛屠苫(우도섬): 현재의 우도(牛島).

63 火食(화식): 음식을 불에 익혀서 먹음, 또는 물에 익힌 음식. 곧 가축에게 여물을 삶아서 줌.

키워서 나라에 바쳤는데, 이에 따라 3장(三場)은 김씨가 목장을 감독하는 직책을 세습한다.

○고찰하건대 이는 결국 『주관(周官)』에서 '목축을 함으로써 백성을 얻음[以牧得民]'이 실제 효과를 거둔 셈이다. 김씨의 경우는 그 공(功)이 진비자(秦非子)보다 못하지 않다.

채장(牸場)은 그 첫째가 감파섬(甘波苫)인데, 모슬진(毛瑟鎭) 아래 서쪽 바다 20리(里)에 있다. 국우(國牛) 1천 필을 키운다. 둘째는 우도섬(牛屠苫)인데, 별방진(別防鎭) 아래 10리에 있다. 말 2백 필을 키운다. 셋째는 비양도(飛揚島)라 일컫는데, 명월진(明月鎭) 아래 10리에 있다. 제사의 희생용 양으로 키워서 공자의 큰 제사 때 공급해왔으나 지금은 없다.

사둔(私芚)은 담장이 없으며 오직 목자가 공마(公馬) 만여 필을 키운다. 사마(私馬)의 경우 부자(富者)는 많으면 1백 필, 가난한 이 또한 10여 필을 키운다. 기마(騎馬)와 농우(農牛)는 묶어놓아 키우는데, 화식(火食)하는 법이 없다. 나머지는 방목(放牧)한다.

【讀原文】

其貢馬每年三百匹式年加貢五百匹有　正朝貢　誕日貢　○其貢黑牛每年三十四頭州牛二十頭旌義六頭大靜八頭用共犧牛　○案大典廏牧篇見兵典曰濟州旌

義大靜各牧場體大馴良有才色馬作騸調養遞來官進上牧使判官各三匹縣監二匹不合御乘則以制書有違律論　○濟州上來貢馬中路病留該邑守令不善救療徑斃者過年不卽上送者依分養故失例論換納守令自本寺入　啓拿處　○戶典進獻篇云濟州子弟進上雄馬一匹上等則給米二十石中等雄馬雌馬[64]則各十五石下等雄馬中等雌馬則各十石棉布相半給增今廢

64 中等雄馬雌馬(중등웅마자마): 『대전통편(大典通編)』의 원문에는 이 부분이 '中等雄馬上等兒馬上等雌馬(중등웅마상등아마상등자마)' 로 나와 있어, 결국 이강회의 『탐라직방설』에서 인용한 이 부분은 5자가 탈자(脫字)임이 확인된다. 법제처 편, 『대전통편(大典通編)』(법제처, 1963), 235쪽 참조.

【역문】

진상하는 말[貢馬]은 매년 3백 필이고, 식년(式年)에 추가되는 공마가 5백 필인데, 정조(正朝)에 공마를 했고, 임금 탄신일에 공마를 바쳤다.

○진상하는 흑우(黑牛)는 매년 34두인데, 주(州)에서 소 20두, 정의(旌義)에서 6두, 대정(大靜)에서 8두로서, 모두 제례용에 쓰일 소들이었다.

○고찰하건대 『대전통편(大典通編)』 '구목편(廐牧篇)' 병전(兵典)에 보임에서 일컫기를,

"제주(濟州) · 정의(旌義) · 대정(大靜)의 각 목장에는 몸집이 크고 길들어져 온순한 재색(才色)이 있는 말은 거세(去勢) 조련(調練)하여 경성(京城)으로 경질귀래(更迭歸來)하는 관

리(官吏)가 이를 국왕께 진상한다. 목사(牧使)와 판관(判官)은 각 3필, 현감(縣監)은 2필을 진상하되 어승(御乘)에 합당치 않을 때에는 당해(當該) 진상자를 제서유위율(制書有違律)로써 논죄한다."

라 했다.

제주에서 진상하여 올라오는 말 중, 길에서 병이 난 경우 해당 지역 읍에 머물면서 수령이 병이 난 말을 치료하지 않아 곧바로 폐사하는 것이 있어서 해를 넘겨서도 즉시 위(서울)로 올려 보내지 못하면, 분양고실례(分養故失例)에 따라 죄를 따져 환납하고, 수령 자신이 본 사복시(司僕寺)로 장계를 올려 나포한다.

○「호전(戶典)」'진헌편(進獻篇)' 에 이르기를,

"제주의 자제(子弟)가 진상하는 수말[雄馬] 1필에 대한 가격은 상등(上等)이면 쌀 20석을 지급하고, 중등(中等)의 수말·암말[雌馬]은 각 15석, 하등(下等)의 수말과 중등의 암말은 각 10석으로 지급하고, 면포(棉布)와 상반(相半)으로 지급한다."

〈증보(增補)〉의 사항인데, 지금은 폐지함

라고 했다.

【讀原文】

其船泊之所灘淺港狹不可方舟竝入故濟之所以爲天

塹而敵不能外闖[65]者也

【역문】

선박이 정박하는 장소가 여울이 얕고 항구가 협소해서 배를 나란히 늘어놓아 들여놓을 만하지 못하다. 그러기에 제주는 하늘이 내려준 천연의 요새이기에 적들이 밖에서 엿볼 틈새가 없는 것이다.

65 闖(틈): 본래 '엿보다' 란 뜻인데 '틈새' 를 의미하기도 한다. 앞서 보였던 '釁(흔)' 자와 유사한 뜻으로 사용되었다.

66 北浦(북포): '뒷개' 의 한자차용 표기로서, 지금의 조천읍 북촌리의 포구를 일컫는다. 고광민(高光敏), 『제주도포구연구(濟州島浦口硏究)』(도서출판 각, 2003), 75쪽. 이하 포구명은 고광민의 이 책을 참조함.

67 魚登浦(어등포): 현재 구좌읍 행원리의 포구를 어등개라고 일컫는다.

【讀原文】

濟無戰船惟有私船將近五百然其下猫植矴之所在內港則非大舶之可能外洋則波濤險巇故濟雖海國本無兵船又無水軍然明審海洲之疆域者不知外入之海路則不可曰知也玆採泊港分州之東西錄之如左

自州城東距船泊記

自州城東距禾北浦十里

自禾北東距十里爲朝天浦

自朝天東距十五里爲北浦[66]

自北浦東距二十里爲金寧院

自金寧東距十里爲魚登浦[67]

自魚登東距五里爲無等浦[68]

自無等東距三十里爲別防浦

已上在州界

自別防南距二十里爲終達浦

自終達南距五里爲新達浦

自新達南距十五里爲水山浦

自水山南距四十里爲心石浦[69]

自心石西距五十里爲西歸浦

已上在旌義境

自州城西距船泊記

自州城西距道頭浦十五里

自道頭西距五里爲君卽浦[70]

自君卽西距三里爲貴日浦

自貴日西距十里爲嚴莊浦[71]

自嚴莊西距十五里爲涯月浦

自涯月西距十里爲福德浦[72]

自福德西距五里爲潛水浦[73]

自潛水西距五里爲獨浦[74]

68 無等浦(무등포): '어등포에서 동쪽 5리 지역에 위치한다' 라고 보면 지금의 구좌면 한동리의 포구가 아닌가 여겨진다. 고광민의 앞의 책에는 동일한 포구명이 없다.

69 心石浦(심석포): 성산읍 시흥리의 옛 이름이 '심돌' 이다. 본래 이의 한자표기가 '力石(역석)' 인데, '心石(심석)' 으로 표기되었다. 힘[力]은 제주어로 '심' 으로 발음되기에 그렇게 표현한 것으로 보인다.

70 君卽浦(군즉포): 본래 옛 표기로 '군랑포(君郞浦)' 인데, '郞' 자가 '卽' 자와 비슷하여 그것으로 바뀐 것 같다.

71 嚴莊浦(엄장포): 현재 애월읍 구엄 · 중엄 · 신엄의 옛 지명이 '엄쟁이' 이다. '엄장(嚴莊)' 은 엄쟁이의 음을 빌린 하자 차용의 표기이다.

72 福德浦(복덕포): 한림읍 귀덕1리의 '복덕개' 를 지칭한 것이다.

73 潛水浦(잠수포): 한림읍 수원리 옛 이름이 'ᄌᆞ물캐' 다. '잠수포(潛水浦)' 는 'ᄌᆞ물캐' 의 뜻을 빌린 한자이다.

74 獨浦(독포): 한림읍 옹포리의 옛 이름은 '독개' 다. '독포(獨浦, 瀆浦)' 는 '독개' 의 한자차용 표기이다.

自獨浦西距三里爲版浦

自版浦西距三里爲頭毛浦

已上在州界

自頭毛浦南距五里爲遮歸浦

自遮歸南距十里爲頓浦[75]

自頓浦南距十五里爲毛瑟浦

自毛瑟南距十里爲亂德浦[76]

自亂德南距十五里爲新堂浦[77]

自新堂東距三十五里爲大浦

自大浦東距四十里爲法漢浦[78]

已上在旌義境

75 頓浦(돈포): 옛 표기로 '대야수포(大也水浦)'를 두고 이르는 것으로 보인다. 즉, 이곳에는 '돈대미'라 불리는 돈대산(敦臺山)이 있는데, 여기 '敦'자가 '頓'으로 바뀐 게 아닌가 한다.

76 亂德浦(난덕포): 모슬포에서 남쪽 10리경에 있다고 한 것으로 보아 지금의 안덕면 사계리 지경에 있는 포구를 지칭한 것으로 보인다.

77 新堂浦(신당포): 지근의 안덕면 대평리 해변에 있는 '당케'라고 불리던 곳을 지칭한 것으로 보인다.

78 法漢浦(법한포): 서귀포시 법환동(法還洞)의 옛 이름이 '법환이', 혹은 '법한이'라서 이의 표기를 '法漢(법한)'으로 표기한 것으로 보인다.

【역문】

제주에 전선(戰船)은 없고 오직 사선(私船)만이 있는 것이 거의 5백 년이 되었다. 닻을 내리고 닻돌을 심는 곳은 내항(內港)에 있으므로 곧 큰 선박인 경우엔 가능하지 않다. 바깥 바다 쪽은 곧 파도가 높고 지형이 험난하다. 그러므로 비록 제주가 섬이긴 해도 병선(兵船)이 없고 또 수군(水軍)이 없다. 그러나 섬의 강역(疆域)을 분명히 살피는 데 있어 밖에서 들어오는 바닷길을 알 수 없다면 곧 안다고 말할 수 없다. 이에 다음의 자료는 머물 수 있는 항구를 동서로 나눠 채집하여 기록한 것이다.

주성(州城)에서 동쪽 방향으로의 선박처 기록

주성(州城) 동쪽 10리 거리의 화북포(禾北浦)
화북포 동쪽 10리 거리의 조천포(朝天浦)
조천포 동쪽 10리 거리의 북포(北浦)
북포 동쪽 20리 거리의 김녕원(金寧院)
김녕 동쪽 10리 거리의 어등포(魚登浦)
어등포 동쪽 5리의 무등포(無等浦)
무등포 동쪽 30리의 별방포(別防浦)
이상은 주(州)의 동쪽 구역 내에 있음

별방포 남쪽 20리 거리의 종달포(終達浦)
종달포 남쪽 5리 거리의 신달포(新達浦)
신달포 남쪽 15리 거리의 수산포(水山浦)
수산포 남쪽 40리 거리의 심석포(心石浦)
심석포 서쪽 50리 거리의 서귀포(西歸浦)
이상은 정의(旌義) 구역 내에 있음

주성(州城)에서 서쪽 방향으로의 선박처 기록

주성(州城) 서쪽 15리 거리의 도두포(道頭浦)

도두포 서쪽 5리 거리의 군즉포(君卽浦)

군즉포 서쪽 3리 거리의 귀일포(貴日浦)

귀일포 서쪽 10리 거리의 엄장포(嚴莊浦)

엄장포 서쪽 15리 거리의 애월포(涯月浦)

애월포 서쪽 10리 거리의 복덕포(福德浦)

복덕포 서쪽 5리 거리의 잠수포(潛水浦)

잠수포 서쪽 5리 거리의 독포(獨浦)

독포 서쪽 3리 거리의 판포(版浦)

판포 서쪽 3리 거리의 두모포(頭毛浦)

이상은 주(州)의 서쪽 구역 내에 있음

두모포 남쪽 5리 거리의 차귀포(遮歸浦)

차귀포 남쪽 10리 거리의 돈포(頓浦)

돈포 남쪽 15리 거리의 모슬포(毛瑟浦)

모슬포 남쪽 10리 거리의 난덕포(亂德浦)

난덕포 남쪽 15리 거리의 신당포(新堂浦)

신당포 동쪽 35리 거리의 대포(大浦)

대포 동쪽 40리 거리의 법한포(法漢浦)

이상은 정의(旌義) 구역 내에 있음

【讀原文】

其烽燧之路發於南沿旌義之境一支西旋而北一支東旋而北合迎于禾北鎭南峯

【역문】

봉수(烽燧)의 길은 남쪽 연안 정의(旌義)의 경계에서 한 갈래로 출발하여 서쪽으로 돌아들고 아울러 북쪽의 한 갈래가 동쪽으로 돌아들면서 북쪽 화북진(禾北鎭) 남쪽 봉우리에서 맞아들여 합해진다.

【讀原文】

西旋之烽起於加時岳上而爲水山烽自水山下而爲新達烽自新達升而爲別防烽自別防迤爲無等烽又迤爲金寧烽爲院堂烽達于禾北烽

其東旋之烽起於安坐岳上爲西歸烽自西歸旋而爲高空烽[79]起爲葦山烽爲毛瑟烽自毛瑟起而爲晩櫛烽迤爲道來烽又迤爲遂山烽又迤爲道頭烽上達于禾北烽

79 高空烽(고공봉): 현재 서귀포시 신시가지 쪽의 고근산(孤根山) 봉수대를 지칭한 것으로 보인다. 고근산 정상 부분에 수직동굴이 있기에 이 오름의 한자어 표기를 '고공산(高空山)'이라 표기하기도 한다.

【역문】

서쪽으로 돌아드는 봉화는 가시악(加時岳) 위에서 일어나 수산봉(水山烽)으로 전달되고, 수산에서 아래인 신달봉(新達烽)으로 전달되며, 신달 위로 별방봉(別防烽)으로 전달되고, 별방에서 굽이져 무등봉(無等烽)과 다시 굽이져 김녕봉(金寧烽)과 원당봉(院堂烽)으로 전달되어 화북봉(禾北烽)에 도달한다.

동쪽으로 돌아드는 봉화는 안좌악(安坐岳) 위에서 일어나 서귀봉(西歸烽)으로 전달되며, 서귀에서 돌아들어 고공봉(高空烽)에서 일어나 군산봉(羣山烽)으로 전달되고, 모슬봉(毛瑟烽)으로 전달된다. 모슬에서 일어난 봉화는 만즐봉(晩櫛烽)을 굽이져 도래봉(道來烽)으로 다시 굽이져 수산봉(遂山烽)으로 전달되고, 다시 도두봉(道頭烽) 위로 전달되어 화북봉(禾北烽)에 도달한다.

【讀原文】

其逵有上臺路有下臺路上臺路者山際十所場之路也下臺路者沿邊九鎭防之路也

上臺路記

自州城東距五十里爲二所場

六十里爲一所場

七十里爲山馬場有橋來□舍

七十五里爲十所場

八十里爲九所場

一百里爲八所場

自州城西距二十五里爲三所場

四十里爲四所場

五十里爲五所場

六十里爲六所場

七十里爲七所場

一百十里爲八所場

下臺路記

自州城東距十里爲禾北鎭

三十里爲朝天鎭

六十里爲金寧院

一百里爲別防鎭

自別防南回三十里爲水山鎭旌義境

自水山南回三十里爲旌義縣

自旌義西旋五十里爲西歸鎭

自西歸西旋六十里爲天池川院

自天池西旋六十里爲大靜縣
自州城西距四十里爲涯月鎭
六十五里爲明月鎭
一百里爲頭毛浦大靜境
自頭毛南回十里爲遮歸鎭
自遮歸南回三十里爲毛瑟鎭
自毛瑟南回十五里爲大靜縣

【역문】

큰 도로[逵]에는 상대로(上臺路)가 있고, 하대로(下臺路)가 있다. 상대로란 산에 인접한 십소장(十所場)의 길이요, 하대로란 해안변으로 구진(九鎭)의 방어하는 도로이다.

상대로(上臺路)의 기록

주성(州城) 동쪽 50리 거리 - 2소장(二所場)
60리 거리 - 1소장(一所場)
70리 거리 - 산마장(山馬場) '교래(橋來)□사' 있음
75리 거리 - 10소장(十所場)
80리 거리 - 9소장(九所場)
100리 거리 - 8소장(八所場)

주성(州城) 서쪽 25리 거리 - 3소장(三所場)

40리 거리 - 4소장(四所場)

50리 거리 - 5소장(五所場)

60리 거리 - 6소장(六所場)

70리 거리 - 7소장(七所場)

110리 거리 - 8소장(八所場)

하대로(下臺路)의 기록

주성(州城) 동쪽 10리 거리 - 화북진(禾北鎭)

30리 거리 - 조천진(朝天鎭)

60리 거리 - 김녕원(金寧院)

100리 거리 - 별방진(別防鎭)

별방에서 남쪽 돌아 30리 - 수산진(水山鎭)정의(旌義) 지경

수산에서 남쪽 돌아 30리 - 정의현(旌義縣)

정의현에서 서쪽으로 틀어 50리 - 서귀진(西歸鎭)

서귀에서 서쪽으로 틀어 60리 - 천지천원(天池川院)

천지에서 서쪽으로 틀어 60리 - 대정현(大靜縣)

주성(州城) 서쪽 40리 거리 - 애월진(涯月鎭)

65리 거리 - 명월진(明月鎭)

100리 거리 - 두모포(頭毛浦)대정(大靜) 지경

두모에서 남쪽으로 돌아 10리 - 차귀진(遮歸鎭)

차귀에서 남쪽으로 돌아 30리 - 모슬진(毛瑟鎭)

모슬에서 남쪽으로 돌아 15리 - 대정현(大靜縣)

【讀原文】

其鄕校在州南五里釋奠如 國儀又有三神祠清陰[80]書院靖音[81]書院尤菴[82]書院

三神祠在橘林東駕洛水邊三院在州城内南門邊上壇祀宋叟下壇祀金李二叟[83]通稱橘林書院

【역문】

향교(鄕校)는 주(州)의 남쪽 5리에 있다. 석전(釋奠)은 나라의 의식과 같다. 또한 삼신사(三神祠) · 청음서원(淸陰書院) · 정음서원(靖音書院) · 우암서원(尤菴書院)이 있다.

삼신사(三神祠)는 귤림(橘林) 동쪽 가락쿤물[駕洛水] 가에 있다. 세 개의 서원(書院)은 주성(州城) 안 남문 쪽에 있다. 상단사(上壇祠)는 송수(宋

80 淸陰(청음): 오현(五賢)의 한 사람인 김상헌(金尙憲)의 호가 청음(淸陰)이다.

81 靖音(정음): 미상(未詳). 아마도 추측건대 이약동(李約東) 목사의 시호가 평정(平靖)이기에 그를 두고 그렇게 지칭한 듯하다.

82 尤菴(우암): 오현의 한 사람인 송시열(宋時烈)의 호가 우암(尤菴)이다.

83 金李二叟(김이이수): 청음(淸陰) 김상헌(金尙憲)과 평정공(平靖公) 이약동(李約東) 두 사람을 두고 이르는 것으로 보인다. 결국 앞서 상단사(上壇祠)의 송수(宋叟), 곧 우암(尤菴) 송시열(宋時烈)과 함께 하단사(下壇祠)에 청음 김상헌 · 평정공 이약동과 함께 3인의 사당이 귤림서원에 모셔짐을 설명한 대목이다. 그런데 담수계편 『증보탐라지(增補耽羅誌)』에 보면 '영혜사(永惠祠)' 를 두고 설명하면서 "현종(顯宗) 10년(1669) 목사 이인(李 土寅)이 창건하여 이약동(李約東) · 이괴(李襘)를 모셔 배향하였다." 란 기록이 있다. 한편 이 책에서 귤림서원을 언급하면서 오현(五賢)의 인물 중 충암(冲庵) 김정(金淨)을 빠뜨림은 사료의 선택과 소개란 측면에서 그 비중과 안배가 다소 불충분해 보인다.

叟, 송시열)를, 하단사(下壇祠)는 김(金, 김상헌)·이(李, 이약동)의 2수(叟)를 모시는데 통틀어 일컫기를 귤림서원(橘林書院)이라 한다.

【讀原文】

其名山大壑往往有佛宇神祠之址今則無有[84]

諺稱耽羅本寺刹五百餘神祠五百餘中古有州官金緻[85]命一日放火燒盡寺刹及神祠如節月寺[86]山方菴之類是其遺址也節月在漢山南十里 ○山方菴在大靜南十里海際有三稜大巖特立五百餘丈圍幾五里下有石室尚今金佛存焉

【역문】

유명한 산과 큰 골짜기에는 왕왕 사찰과 신을 모시는 사당의 터가 있었다고 하는데 지금은 남아있지 않다.

흔히 떠도는 말로 탐라는 본래 '절 5백·당 5백' 이라 일컬을 정도였다. 중고(中古) 시대에 주

84 無有(무유): '있지 않다', 곧 '없다' 란 의미이다. 이의 용례로 『맹자(孟子)』「고자장구(告子章句)」(상)에 이런 구절이 있다. "사람의 본성이 선한 것은 물이 아래로 흘러가는 것과 같으니 사람이 선하지 않는 것이 없고, 물이 아래로 흘러가지 않는 것이 없다(人性之善也 猶水之就下也 人無有不善 水無有不下)."

85 金緻(김치): 김치(金緻 1557~1625)는 제주판관으로서 광해군(光海君) 1년(1609) 3월에 부임하여, 곧바로 한라산에 오른 뒤 「유한라산기(遊漢拏山記)」란 글을 남기기도 했는데 그가 재임하는 동안 신당과 사찰을 불태웠다는 기록은 찾아보기 힘들다. 이는 곧 숙종 28년(1702) 6월 제주목사로 부임한 이형상(李衡祥)을 두고서 그렇게 말해야 할 것을 저자가 혼동하여 판관 김치(金緻)라고 잘못 소개하고 있다. 그런데 저자인 이강회가 혼동할 만한 사연이 전혀 없지만은 않다.
참고로 정약용(丁若鏞)의 『목민심서(牧民心書)』 제7권 예전육조(禮典六條)편에 보면 '제1조 제사(祭祀)' 의 내용 중에 이런 구절이 보인다. "이형상(李衡祥)이 제주목사(濟州牧使)가 되었는데, 주에 광양당(廣壤堂)이 있어서 지방민들이 기도를 올리는 것이 하나의 풍습을 이루었었다. 공이 명하여 이를 불태워 버리니 듣는 자가 통쾌하다고 칭송하였다. 옛날에 김치(金緻)가 영남(嶺南)을 관찰할 때, 태백산 신사(太白山神祠)를 헐어버린 일이 있는데, 이와 맞먹는 아름다움이라 이를 수 있을 것이다." 정약용 저(민족문화추진회 편역), 『목민심서(牧民心書)(II)』(민족문화추진회, 1969), 132-133쪽 참조.

(州)의 관리 김치(金緻)라는 이가 어느 날 하루 명(命)을 내려 사찰과 신사를 모두 불태워 없애버렸다. 예컨대 절월사(節月寺)·산방암(山方庵) 같은 유(類)가 바로 현재 남아있는 그런 터이다. 절월(節月)은 한라산 남쪽 10리에 있다. ○산방암(山方庵)은 대정(大靜) 남쪽 10리에 위치한다. 바다와 인접한 곳에 세 개의 능선과 거대한 바위가 특출하게 서있는데 높이가 5백여 장(丈)이나 된다. 주위가 거의 5리(里)나 되는데 아래쪽에 석실(石室)이 있어 거기에 아직까지 금으로 된 불상이 놓여있다.

【讀原文】

其清賞勝觀多在池潭山惟處海望其滐洋而已

白鹿潭在拏山上頭潭形如鹿周一里深二丈　將月潭在拏山東北下五里周二里深無底　龍演池在州城西門外一里海際周一里深無底　杜郎溝[87]在山腰五所場内有大川貫在巖竇成溝周二十丈深二丈　山方岳見上　金寧窟在金寧院上有石窟下通外兀内曠深入不知幾里内可隱萬人

결국 다산의 제자인 이강회가 이 글에서 이형상 대신 김치라고 잘못 소개함이란 아마도 『목민심서』에 나오는 위 구절을 염두에 두었다가 잠시 착각하여 이렇게 표현한 것이 아닌가 짐작되기도 한다.

86 節月寺(절월사): 현재의 송악산에 위치한 절. 앞서 절월봉(節月峯)을 소개한 '각주 32' 를 참조할 것.

87 杜郎溝(두랑구): 방선문(訪仙門)계곡이 있는 이곳의 지명이 '들렁귀' 인데, 이의 한자어 표기로 '杜郎溝(두랑구)' 라 했다. 한편 '들렁귀' 의 한자어 표기로는 '천롱곶(穿弄串)', '거암곡(擧巖谷)', '등영구(登瀛丘)' 등이 있다. 현행복, 『訪仙門』(도서출판 각, 2004), 27쪽. 한편 원 각주에서 '두랑구가 오소장(五所場) 내에 위치한다.' 란 내용의 '오소장' 은 '삼소장(三所場)' 의 오기(誤記)이다. 앞서 이강회는 한내천(韓奈川)을 설명하면서 '백록담에서 발원해서 삼소장(三所場)에 이른다.' 라고 밝힌 바 있다.

【역문】

시원하게 완상하며 즐길 수 있는 경치가 빼어난 곳이 많은데, 지(池)나 담(潭)으로 불리는 연못이 그런 곳이다. 산에서는 오직 바다에 처해 있기에, 보이는 건 다만 그 광대하고 아득한 대양(大洋)의 모습뿐이다.

백록담(白鹿潭)한라산 꼭대기에 있는데 못의 형태가 사슴[鹿]과 같다. 못의 둘레가 1리(里)이고 깊이가 2장(丈)이다. · 장월담(將月潭)한라산 동북쪽 아래 5리에 있다. 못의 둘레가 2리(里)이고, 깊이는 바닥이 안 보일 정도이다. · 용연지(龍演池)주성(州城) 서문 밖 1리에 바다와 인접한 곳에 있다. 못의 둘레가 1리(里)이고 깊이는 바닥이 안 보일 정도이다. · 두랑구(杜郎溝)한라산 허리 5소장(五所場) 내에 위치해 있다. 한내[大川]가 그곳을 관통하는데 바위에 뚫린 구멍이 도랑[溝]을 이룬다. 둘레가 20장(丈)이고 깊이가 2장(丈)이다. · 산방악(山方岳)앞에서 밝힘 · 김녕굴(金寧窟)김녕원(金寧院)에 있는데, 위쪽으로 석굴(石窟)이 나있고, 아래쪽은 바깥의 돌출된 곳으로 통한다. 굴 안은 넓고 깊어서 안으로 들어가면 길이가 몇 리나 되는지 알지 못한다. 굴 안에 사람 1만 명은 숨겨 둘 수 있다.

【讀原文】

其倉庫州四倉旌義大靜別防明月各三倉西歸二倉三邑會付穀畧二萬石也又有別儲穀[88]萬石爲民大畝今則自祛

州之三邑民戶畧四萬戶人口通大小男女約二百萬[89]口州之荒凶年凶則夏而開賑秋凶則秋而開賑其賑荒不足之數請于 京師例也往在甲寅之秋州甚大無自州請粟萬苫因値風高外船不通內粟之絶以故冬末春初餓莩載路[90]

【역문】

창고(倉庫)는 주(州)에 4곳, 정의(旌義)·대정(大靜)·별방(別防)·명월(明月)에 각 3곳, 서귀(西歸)에 2곳 등이 있다. 3읍에서 회부(會付)하는 곡식의 양은 대략 2만 석(石)이다. 아울러 별저곡(別儲穀)은 만 석(萬石)인데, 백성을 위한다고 했지만 크게 잘못되어 지금은 곧 저절로 없어져버렸다.

○주(州) 3읍의 가구[民戶] 수는 대략 4만 호 정도이고, 인구 수는 남녀노소를 통틀어 대략 2백만(*역주: 20만의 오기) 명 정도이다. 주(州)에 흉년이 들 때 여름에 흉년이 들면 여름에 진휼미를 내고, 가을에 흉년이 들면 가을에 또다시 진휼미를 내었다. 그 진휼미가 다 떨어져 부족한 수를 서울[京師]에다 요청하는 게 관례(慣例)였다. 지난 갑인(甲寅, 1794)년 가을에는 엄청나게 곡식이 없어서 주에서는 조[粟] 만 섬(苫)을 요청했다. 그때

88 別儲穀(별저곡): 정조(正祖) 23년(己未, 1799)에 섬 안의 거듭된 흉년에 특별히 전념해서 해당 목(牧)으로 하여금 별도로 비축한 쌀 만 섬을 삼읍(三邑)에 나누어 보관하여 두도록 조처하면서 생긴 것이다.

89 二百萬(이백만): 여기에서 '이백만(二百萬)' 이라고 한 표현은 '이십만(二十萬)' 의 오기(誤記)임에 틀림없다. 호수가 4만 호라면 호당 인구를 크게 잡아 5명으로 한다 해도 20만이 됨은 자명한 사실이다. 그리고 현재 제주도의 상주 인구 수가 1백만도 채 안 됨을 감안하면 더욱 그렇다.

90 載路(재로): 길에 가득함.

마침 바람이 드세게 높았기에 바깥 선박이 다닐 수 없고, 안에서의 조[粟]의 공급이 끊어졌으므로 겨울 말에서 초봄 사이에 굶어 죽은 자들이 길가에 즐비했다.

【讀原文】

惟我先王每日南顧綏遠之策[91]俾盡其方其後丙丁戊己庚五[92]年連値大豊際是穀賤之時特　命濟伯別備萬石米名之曰別儲穀若値比前甲乙[93]之大凶元還盡分外粟未到須開別儲之庫以賑之　聖敎如是懇惻故別儲之米所重自別於是以精鑿極品之米納之而別米萬石分三次三年一改色以爲搼定不易之法米在庫中經過三歲雀鼠蟲蛾耗縮已半極南蒸濕歲月以腐於是一石之米歉無一粒之可哺十年之間民之日納數十萬石耗上加耗之故也其爲敝雖甚如此然臣民之不敢開口言罷者伏念　聖意之本出救荒也逮于己巳南沿大饑[94]自　上特命船移別儲之穀賑賙内民故濟之大敝自祛無有

91 綏遠之策(완원지책): 탐라에 자주 기근이 들자 임금이 윤음을 내리길 배에다 곡식을 싣고 가 탐라 백성들을 먹이게 하였다. 임금은 탐라가 먼 바다 속에 있는 땅이라 하여 더욱 먼 곳을 회유하는 생각으로 흉년 소식만 들으면 언제나 다른 지방에 우선해서 진휼하였고, 배가 갈 때는 반드시 제문(祭文)을 친히 지어 해신(海神)에게 제사하도록 하였다. 즉, 먼 곳의 백성을 우선하여 아우르는 정책, 곧 이것이 완원지책(綏遠之策)인 것이다. 『조선왕조실록』 「정조(正祖)조」 '정조대왕행장' 참조.

92 丙丁戊己庚五(병정무기경오): 병진(丙辰, 1796) · 정사(丁巳, 1797) · 무오(戊午, 1798) · 기미(己未, 1799) · 경신(庚申, 1800)년의 5년간.

93 甲乙(갑을): 갑인(甲寅, 1794)년과 을묘(乙卯, 1795)년의 두 해.

94 己巳南沿大饑(기사남연대기): 기사(己巳)년에 발생한 호남 남해안의 대기근. 여기서 기사년(己巳年)은 순조(純祖) 9년(1809)으로 추정된다. 『조선왕조실록(朝鮮王朝實錄)』 순조(純祖) 10년(1810) 2월 2일 조에 "제주의 관곡(官穀) 1만 석을 이미 공문을 보내 가져오게 하여 호남의 진휼 밑천에 보태게 하였습니다."란 표현이 실려 있다.

【역문】

우리 선왕(先王)께서 매일 남쪽을 염려하시며 '완원지책(綏遠之策)'의 방법을 모두 강구토록 했다. 그 후 병(丙)·정(丁)·무(戊)·기(己)·경(庚) 5년 동안 연달아 대풍작(大豊作)을 맞았다. 해마다 대풍년을 맞아 곡식값이 쌀 때 제주목사에게 특명을 내리시기를,

"별도로 만 석의 쌀을 비축토록 하여, 이른바 '별저곡(別儲穀)'이라 하고, 만약 이전 갑인(甲寅, 1794)년과 을묘(乙卯, 1795)년과 같이 대흉년을 만나면 원래의 곡식을 환자하여 다 쓰고 바깥의 곡식은 아직 이르러 오지 않았다면 별저곡을 열어 지출하라."

라고 하였다.

성왕이 내렸던 교시가 이와 같이 간절하고 측은했었기에 별저미(別儲米)를 소중히 여기는 것이 자별하다. 그러기에 정밀하면서도 잘 찧은 최고 품질[精鑿極品]의 쌀로써 별저고에 납입해두고, 별미 만 석을 3차로 나누어 3년에 한 번씩 종류[色]를 바꾸어 '용정불역(舂定不易)'의 법으로 삼았으니 쌀을 창고에 보관하고 있던 중에 3년이 경과되면 참새[雀]·쥐[鼠]·바구미[蟲]·개미[蛾] 등에 의해서 이미 반은 소모되어 감축되고, 극남(極南) 지대이다 보니 뜨겁고 습기로 인해 세월이 가면 부패해서 한 섬의 쌀이 한 톨도 먹을 수 없게 되고 나니 10

년 사이에 백성들이 날마다 납부해야 하는 양은 수십만 섬[石] 소모되고 다시 소모됨이 더해지기 때문이다.으로 늘어나게 된다. 그 폐단이 비록 이와 같이 심하여도 신하된 백성들의 처지에서 감히 입을 열어 이를 혁파[罷]하자고 말을 못하는 것은 성상(聖上)의 뜻이 본래 황폐(荒弊)함을 구휼(救恤)함에서 나온 것임을 엎드려 생각해서 그러는 것이었다. 그러다가 기사(己巳, 1809)년에 (호남) 남쪽 연안의 대기근 때에 성상께서 특별히 명하여 배로 별저곡(別儲穀)을 옮기도록 해서 어려운 형편에 처한 (호남) 백성들을 진휼(賑恤)하여 구제케 했으므로 자연스레 제주의 큰 폐단이 제거되어 다시는 있지 않게 되었다.

【讀原文】

其私商出入之船嚴立幾征皆泊閱于禾北鎭然後乃得出外

濟之諸船不隷均案有都船所州營摠之有都船色營吏爲之凡漁採之船以其漁採之物收其稅貢凡外商之船每船貢十五升棉一匹然後乃得出船其在南東西三四百里外沿之船必曳舵回帆達于禾北浦厚賂船色然後始得放舟以故船色爲濟腴任　○其外來之商亦不敢移泊他洲其貢額每船納十五升棉一匹水手一口收米

一斗烟茶一丈然後始得受出出船記[95] ○其或風惡帆逆徑泊他洲則洲管防將親來問情點考閱物報于都船所自船所命該防將護送于禾北收稅受賂然後始得商焉 ○其國罪流濟之子姪旣入禾北若不行百金之賂于都船色則令還逐于梨津[96] ○其濟人流外之子姪將出耽海若不行百金之賂[97]于都船色則令不得出禾北 ○案此一大敝也內商之曳舟游洄于數三百里之海沿者非王政也外船之計口收稅者非王政也罪人之子雖其出入然至於受賂者亦末俗之敝也肥一貪吏之體旣招商賈之大怨又防骨肉之恩情是豈成說乎父母遠謫絶海生死旣不可詳千里千里行陸千里渡海依俙望拏山之色人子心懷已極慘悲旣及近之自喜于心曰今日某時可得与吾父痛哭相面以此一賂之少慳曾未下陸朱衣怒棓亂枷船人截纜反舵逐之至半洋而回當其時也山川草木皆是殺惡之氣也貪吏之不可与比於人道論多如是矣

95 出出船記(출출선기): 원문의 '出出船記'는 본래 '出船記'로서 '出' 자가 연문(衍文)임.

96 梨津(이진): 옛 달량성(達梁城)이 있었던 곳. 현재 전라남도 해남군 북평면 이진리를 일컬음. 앞의 '각주 17'을 참조할 것.

97 百金之賂(백금지뢰): 돈 '백 냥 어치의 뇌물'이란 뜻으로 상당한 양의 뇌물을 의미함.

【역문】

사상(私商)으로서 출입하는 선박의 경우, 엄격하게 정찰[譏]과 순행[征]을 확립한다. 이들 선박들을 모두 화북진(禾北鎭)

에 정박(碇泊)을 하게 해서 검열(檢閱)을 실시한 다음 그러고 난 후에야 밖으로 출항케 한다.

제주의 여러 선박들이란 균안(均案, 균역청 안)에 소속되어 있지 않고, '도선소(都船所)' 라는 게 있어서 주영(州營)에서 이를 총괄하기도 하고, '도선색(都船色)' 이란 게 있어서 영리(營吏, 감영 아전)가 관리한다. 무릇 고기를 잡거나 해산물을 채취하는 선박의 경우, 수확한 고기나 채취한 해산물로써 그 세금의 공납을 걷고 있다. 무릇 외지의 상업용 선박의 경우, 매 선박마다 공물(貢物)로서 15승(升)과 면(棉) 1필을 바친 후에야 출발을 할 수 있다. 남쪽과 동쪽, 그리고 서쪽으로 3, 4백리 밖 연안의 배들의 경우 반드시 치[舵]를 끌어 올리고 돛대를 돌려 화북포(禾北浦)에 도달해서 선색(船色)에게 후한 뇌물을 준 연후에야 배[船]를 놓아 풀어주곤 하는 것이었다. 그러기에 선색(船色)은 제주에서 배[腹]를 살찌우는 임무이다.

○바깥에서 들어오는 상인 또한 감히 다른 바다로 옮겨서 숙박할 수가 없다. 공납하는 액수는 매 선박마다 15승(升)과 면(棉) 1필, 수수(水手, 선원) 1인당 쌀 1두(斗)와 연다(烟茶) 1장(丈)씩이다. 그러고 나서야 비로소 '출선기(出船記)' 를 얻는다.

○혹시 바람이 거세게 불어 돛의 방향과 거슬러 다른 바다 쪽에 정박하게 되면 곧 고을의 관방장(管防將)이란 이가 친히 찾아가서 문정(問情)과 점고(點考)를 하고 물건을 검열하고 도선소(都船所)에 보고한다. 선소(船所)로부터 명을 받은 해당 방장(防將)이 화북(禾北)으로 호송(護送)하여 세금을 받고 뇌물을 받은 연후에 비로소 상거래 허가를 얻게 되는 것이다.

○나라에 죄를 지어 제주로 유배 온 자의 자질(子姪)들의 경우, 화북(禾北)에 들어와서 만약 도선색(都船色)에게 백금(百金)의 뇌물을 쓰지 않으면 곧 명령을 발동해서 도로 이진(梨津)으로 내쫓는다.

○제주사람이 섬 밖에 유배를 당해서 그 자질(子姪)들이 장차 탐라 바다를 건너가려 할 경우, 만약 도선색(都船色)에게 백금(百金)의 뇌물을 쓰지 않으면 곧 명령을 발동해서 화북을 출발하는 허가를 얻지 못하게 한다.

○고찰하건대 이것은 하나의 큰 폐단이다. 내상(內商)이 거래를 하기 위해 선박을 끌고 물을 거슬러가게 해서 수삼백(數三百) 리나 떨어진 큰 바다 연인으로까지 가게 하는 것은 왕도(王道)의 정치(政治)가 아닌 것이다. 외선(外船)의 경우, 선박의 탑승인원을 계산하여 세금을 매기는 것은 왕도의 정치가 아니다. (유배 온) 죄인의 자제에게 출입만 하는 데도 뇌물을 받아 챙기는 일 또한 말속(末俗)의 폐단인 것이다. 일개 탐관

오리배의 몸을 배불리게 하는 일이 이미 상고(商賈)들에게 큰 원망을 초래한데다가 골육(骨肉)의 은정(恩情)을 막기까지 했으니 이것이 어찌 이치에 닿기라도 한 말인가? 부모가 멀리 바다로 단절된 곳에 유배를 와 사는 경우, 생사(生死)조차 이미 상세히 알지 못한 채 천 리(千里)라 머나먼 길을, 그것도 육로(陸路)로 천리 길을 달리고, 다시 천리 바닷길을 건너와서 어렴풋하게 한라산의 모습을 바라보게 되면 사람의 자식 된 도리로서의 심회(心懷)가 극도로 비참하다가 이미 가깝게 다다르자 마음속으로 절로 기뻐하면서 혼잣말로 되뇌며 말하기를 "오늘 모시(某時)에 드디어 내 부친을 통곡 속에 상면할 수 있을 것이다!" 라 하다가 이 작은 뇌물을 조금 아낀 까닭에 육지로 내려서자마자 붉은 옷[朱衣]의 사람들이 격노하여 몽둥이를 휘두르고, 도리깨질하듯이 하자 뱃사람들이 닥치는 대로 두들겨 패는가 하면, 닻줄을 끊고 키를 되돌려 바다 한가운데로 쫓겨나서 되돌아가니 이러한 때에 산천과 초목들이 모두 남을 죽이고 미워하는 기운뿐이리니 탐관오리는 인간의 도리를 논할 수가 없다는 것이 대개 이와 같다.

【讀原文】

地產

諸橘 芝柟 山柚 青橘 枳 二季木 無患木 松 竹 榧

蘿 梔 栗 橡 (麥) 黃 (麥) 山茶

【역문】

땅에서 나는 것[地産]

여러 종류의 귤 · 버섯[芝栭] · 산유(山柚) · 청귤(靑橘) · 탱자[枳] · 종가시나무[二季木] · 무환목(無患木) · 소나무[松] · 대나무[竹] · 비자[枇] · 여라[蘿] · 치자[梔] · 밤[栗] · 상수리나무[橡] · 보리[麥] · 황맥(黃麥) · 산다(山茶)

【讀原文】

海產

玉頭魚狀如鱸大者長一尺餘 石頭魚 烏賊魚 鱠魚 鰒 蛤 海蔘 甘藿 靑藻 紅藻 靑角菜 牛毛菜

【역문】

바다에서 나는 것

옥돔[玉頭魚]모양이 농어[鱸]와 같음, 큰 것은 길이가 1척(尺) 남짓함 · 석두어(石頭魚) · 오징어(烏賊魚) · 장어(鱠魚) · 전복[鰒] · 대합[蛤] · 해삼(海蔘) · 감태[甘藿] · 청조(靑藻) · 홍조(紅藻) · 청각채(靑角菜) · 우뭇가사리[牛毛菜]

【讀原文】

藥産

鹿茸 牛黃 陳皮 青皮 枳殼 檳榔

【역문】

약(藥)이 되는 것

녹용(鹿茸) · 우황(牛黃) · 진피(陳皮) · 청피(青皮) · 지각(枳殼) · 빈즐(檳榔)

【讀原文】

農業

大麥 小麥 諸稷 稊稗 大豆 小豆 山稻 木棉

【역문】

농산물

보리[大麥] · 밀[小麥] · 여러 기장[諸稷] · 제비(稊稗) · 콩(大豆) · 팥(小豆) · 산벼[山稻] · 목면(木棉)

【讀原文】

紅業

麻 葛 棉

【역문】

수공예품

마(麻) · 갈(葛) · 면(棉)

【讀原文】

商利

竹凉簹 緵巾 木烟帒 柚梳 馬尾 馬鬃 諸皮 革 髢兒

【역문】

상품

대패랭이[竹凉簹] · 종건(緵巾) · 목연대(木烟帒) · 유류(柚梳) · 말꼬리[馬尾] · 말총[馬鬃] · 제피(諸皮) · 가죽[革] · 체아(髢兒)

《본문》

『탐라직방설(耽羅職方說)』 제2권

해북(海北) 이강회(李綱會) 저(著)

1. 상찬계시말(相贊契始末)

【讀原文】

案此編無關職方然此爲州之大獄故畧以所聞者記之以俟[98]君子之正筆夫旣骨之寃魄縱不得伸未破之契窟不可滋也濟者天塹內固之地也彼輩之驕奢淫佚極於所至則必生泰濫[99]西州之多福洞[100]卽耽邑之相贊契也大抵南邑之吏强殆猶甚於齊田魯桓[101]者厥已久矣濟之相贊契是吾之大憂也

【역문】

고찰하건대 이 편(編)은 '직방(職方)' 과는 무관

98 俟(사): 기다리다.

99 泰濫(태람): 너무 한도가 지나침. 보통 '太濫(태람)' 으로 통용됨.

100 多福洞(다복동): 홍경래의 난이 처음 발생한 평안도 다복동 지역을 일컬음. 특히 이곳은 역노출신(驛奴出身)으로 대청무역을 통해 거부(巨富)로 부상한 이희저(李禧著)의 집이 위치한 곳이기도 하다.

101 齊田魯桓(제전노환): 제전(齊田)은 제(齊)나라의 강공(康公)을 죽여 제후가 된 전화(田和)를 두고 이른 듯하고, 노환(魯桓)은 노(魯)나라 환공(桓公)이 죽은 후 권력을 분점한 세 명의 대부, 즉 삼환(三桓)이라 불렸던 맹손씨(孟孫氏), 숙손씨(淑孫氏), 계손씨(季孫氏)를 지칭하는 것으로 보인다. 렁청진(장연 역), 『지전(智典』 1권(김영사, 2003), 48-63쪽.

하다. 그러나 이것은 제주의 큰 옥사(獄事)이기에 대략 들은 바를 기록해 둠으로써 군자(君子)의 올바른 (역사) 집필을 기다리고자 한다. 이미 골육의 억울한 혼백들이야 비록 신원(伸寃)될 수 없다 하더라도 아직 타파되지 않은 상찬계의 소굴이야말로 더 자라나게 해서는 안 된다. 제주(濟州)란 곳이 천연으로 이뤄진 참호(塹壕)라서 안으로는 완고(完固)한 곳이거늘, 저 무리들의 교사(驕奢)하고 음일(淫佚)함이 한껏 극에 달하여서 반드시 태람(泰濫)을 낳을 것이다. 서주(西州)의 다복동(多福洞)이 곧 탐라 고을의 상찬계(相贊契)이다. 대저 남쪽 고을 아전[吏]들의 강하고 위태(危殆)함이란 제(齊)나라의 전씨(田氏)나 노(魯)나라의 환씨(桓氏)보다도 오히려 더 심하다고 함이 이미 오래전부터의 일이었다. 제주(濟州)의 상찬계(相贊契)란 바로 나의 가장 큰 걱정거리이다.

【讀原文】

濟州有相贊之契相贊也者以類贊助之義也濟吏有三班一曰鎭撫吏二曰鄉吏三曰假吏合三吏八百餘數也

四十年前吏業貧殘微弱無比矣庚戌辛亥之間有一吏倡言曰吏者理也吾儕手秉刀筆102身賤役勞終身趨赴於人下竟無一產之傳子豈爲環七百里大州之吏而困貧如

102 刀筆(도필): 죽간(竹簡)에 문자를 기록하는 붓과 잘못 쓴 글자를 깎아내는 칼. 인신하여, 붓. 보통 도필리(刀筆吏)라고 하면 문서의 기록을 담당하는 벼슬아치를 두고 이른다.

此乎雖然惟我獨富不若与衆我富而衆貧衆通指三吏也雖富亦何爲言獨富則衆貧皆啄之不得保其富也於是東三吏三百之數一乃心一乃力相与贊助約曰天下之神果是何物聖人不足神也道人不足神也佛人不足神也惟錢是其神也何爲其神也小則使人大則使神而能使神者非神而何然則聚神奈何聚之有道得道者多聚不得者不聚聚果有道雖匹夫赤手右有三致之法況此州之大乎夫區區立本爲逐升二之末利人生幾何寧爲是杳杳冥冥高遠之事哉於是相贊契聚神之竇鑿焉 ○案此地運所關也吾嘗恨南吏相贊之法曰不出十年民其盡爲吏組之物乎豈意海州又生出來此法乎不幸哉南之民也不幸哉南之民也 ○變錢稱神者濟本無錢出陸行錢入海代布指使如鬼故通謂之神

【역문】

제주에는 상찬(相贊)하는 조직[契]이 있다. '상찬(相贊)'이란 '무리[類] 지어 찬조한다.' 라는 뜻이다. 제주의 아전[吏]들이란 세 부류로 나뉘어 있는데, 첫째가 진무리(鎭撫吏)요, 둘째가 향리(鄕吏)요, 셋째가 가리(假吏)이다. 이 세 부류의 아전 수가 도합 8백여 명이나 된다. 40년 전만 하더라도 이들 아전들의 가업이란 빈약하고 미세함이 견줄 바가 없었다. 그러다가 지난 경술(庚戌, 1790)년과 신해(辛亥, 1791)년 사이에 한 아전[吏]이 주창하여 이런 말을 했다.

"리(吏, 아전)란 바로 리(理)이다. 우리가 손에 도필(刀筆, 붓)을 함께 잡아 문서를 기록하는 일 등을 관장해, 한평생 몸은 비천하고 역할은 수고로워 종신토록 다른 사람 아래에서 붙좇고 내달리는 신세이되, 필경 유산이란 무일푼, 자식들에게 전해줄 게 하나도 없다. 어찌해서 7백 리로 둘러싸인 큰 고을의 아전이란 자의 빈곤함이 이와 같아야 한단 말인가? 그러나 비록 나 홀로 오직 부자가 됨이란 여럿[衆]과 더불어 부자가 됨만 못하니 나는 부자가 되고 여럿[衆]여기서 여럿[衆]이란 세 부류의 아전들을 통틀어 지칭함이다.이 가난하게 된다면 설령 부유타 한들 어찌한단 말인가.홀로 부자가 되고 여럿이 가난하게 되면 모두 그것을 쪼개어내어 그 부를 확보하게 됨을 말함이다."

그리하여 세 아전 부류, 3백 명의 숫자를 하나로 묶어 마음도 이내 하나요, 힘도 이내 하나가 되어 서로 찬조(贊助)하였다. 약속하기를,

"천하의 신(神)은 어떤 물건인가? 성인(聖人)은 신(神)일 수가 있다. 도사[道人]도 신일 수가 있다. 부처[佛人]라도 신일 수가 있다. 오직 돈[錢], 그것만이 바로 신(神)이다! 어찌하여 그게 신이 되었는가 하면, 작게는 사람을 부리는 일이요 크게는 신을 부리니, 신도 부리게 할 수 있는 것이라면 신이 아니

고 무엇인가? 그렇다면 신을 불러 모으려면 어떻게 해야 하는가? 신을 불러 모음에 도(道)가 있다. 도를 터득한 사람이 많이 모으고, 도를 터득하지 못한 사람은 모으지 못한다. 모음[聚]에 과연 도(道)가 있다면 비록 필부(匹夫)라 해도 맨손 오른쪽에는 삼치(三致)의 법이 있거늘, 하물며 이 고을이 크지 않은가? 구구하게 본전을 세워 승이(升二)의 말리(末利)를 취한다면 인생이란 얼마나 된다고 그런 짓을 하랴. 차라리 이 묘묘(杳杳)하고 명명(冥冥)하며 고원한 일을 하자."

라고 했다.

○고찰하건대 '지운(地運)'과 관련된 것이다. 나는 일찍이 남쪽지방(제주) 아전[吏]들의 상찬(相贊)하는 법을 두고 한탄하면서 이렇게 말한 적이 있다.

"10년도 못 가서 백성들의 가산은 모두 다 아전 무리들의 제사상 물건이 될 것이다."

어찌 바다고을에 이런 법이 생겨나리라고 생각이나 했던가? 불행할 지어다, 남쪽지방 백성들이여! 불행할지어다, 남쪽지방 백성들이여!

○돈[錢]을 바꿔 말해 신(神)이라 한 것은 제주에는 본래 돈이 없으므로 육지로 나가려면 돈을 사용해야 하고, 다시 바다로 들어오면서는 포(布)로 대신 바꿔야 해서 지시하고 부리기를 귀신[鬼]과 같이 했으므로 통틀어 신(神)이라고 부른

것이다.

【讀原文】

聚神之竇[103]密如篩竅[104]窓如革孔豁如城門微忽不遺巨大莫逃東簷放火者西隅滅之南川潰水者北邊防之張如篙矢攫如鷙瓜四面羅網上下四方皆入於柷[105]牧田之起陳州無田案惟牧田馬不游牧處起者括之藿地之收稅藿一束定爲十七斤半通納幾百束民納者非四十斤不可山訟也地訟也軍簽也牧役也牧子者濟役之極賤者也以富民之見忤於契隊者降充其役則九族咸羞故雖破家賣身不計千萬期於圖免牛庖之金罰[106]馬弔之贖刑[107]酗酒之禁亂[108]不孝者不睦者凡如此者降定牧子末乃受賂帷薄不修者[109]良民富㝠之女或有桑間之事一言外播己充官婢則九族咸羞故不計破家蕩產期於圖免屬縣之褒貶旌義大滯屬鎭之褒貶明月朝天等倅府之公事判官也議送之債非理之訟縣鎭之執頉[110]風約之恐愒風約此忤於其隊則故爲生事隨其大小以括之皆是契本也其最奇貨乃外來之商賂也其最腴塊乃坊將之冒差也利不可獨食我攘仟九彼給仟[111]一彼

103 聚神之竇(취신지두): 신(神)을 취합하는 구멍. 곧 '돈을 모으는 방식'을 상징화하여 이렇게 표현한 것임.

104 密如篩竅(밀여사규): 조밀하기가 체의 구멍과 같다. 여기서 '篩(사)'란 액체나 가루를 거를 때 쓰는 기구로서 보통 '체'라고 한다.

105 柷(축): 본래 '축(柷)'이란, 궁중에서 아악을 연주할 때 쓰는 악기이다. 이 악기의 형태는 네모난 상자에 가운데 구멍이 나 있어 절구공 같은 것으로 바닥을 치는데 보통 음악이 시작될 때 사용된다. 여기서는 그런 네모난 모양의 요술상자, 곧 올가미를 지칭하는 의미로 쓰인 듯하다.

106 牛庖之金罰(우포지금벌): 소의 밀도살에 따른 벌금.

107 馬弔之贖刑(마조지속형): 노름하다 적발되어 받는 형벌.

108 酗酒之禁亂(후주지금란): 술주정하다가 걸림.

109 帷薄不修者(유박불수자): 본래 '帷薄(유박)'은 휘장과 발을 지칭한다. 그래서 '帷薄不修(유박불수)'란 가문이 음란함의 완곡한 표현을 두고 이름이다.

110 執頉(집탈): 남의 허물을 집어 탈을 잡음.

111 仟(천): 본래 '仟(천)'이란 자는 1천(千)을 의미한다. 여기서 '仟(천)'은 문맥상 '什(십)'의 오기(誤記)로 보인다. 그래서 '我攘什九彼及什一(아양십구피급십일)'은 "내가 10분의 9를 가져가면 저 사람에게는 10분의 1을 준다."로 풀이할 수 있다.

乃欛印者也若都剝食俎腥彼必不嗅彼指耽伯之貪者嗅之將奈何美嬌姸姸者是也　○案智竇奸穴穿則妙矣游詐運秘去益精矣於是民皮剝盡民肉剮盡民血渴盡民骨碎盡四盡之至契猷大成神法行矣

【역문】

신(神, 즉 돈)을 모으는 구멍[竇]이란, 그 오밀조밀하기[密]가 체[篩]의 구멍과 같고, 좁기가 북 가죽에 난 작은 구멍 같으며, 그 활달함[豁]이 성문(城門)과도 같아서 아무리 미세하게 작은 것도 빠뜨리지 않고, 아무리 거창하고 큰 것이라 할지라도 빠져 도망갈 수가 없다. 동쪽 처마에 불이 붙으면 서쪽 모서리가 이를 잡아 끄고, 남쪽 시내가 물이 넘쳐흐르면 북쪽 변두리가 그것을 막아준다. 펼침[張]은 마치 화살을 쏘아 잼과 같고, 낚아챔[攫]이란 독수리 발톱 같아서, 사면으로 그물을 쳐놓아 위 · 아래 사방이 모두 축(柷) 모양의 상자 속으로 빨려 들어간다. 목장 밭[牧田]의 묵혀둔 밭[陳] 개간하기,주(州)에는 전안(田案)이 없다. 오로지 목장 밭[牧田]에 말을 방목하지 않고 그곳을 밭으로 일으키는 자가 자지한다. 미역 산지의 세금 거둬 들이기,미역 1속(一束)을 17근(斤) 반이 되게 하여, 통상 1백 속(束)을 납입한다. 백성들이 상납하는 경우 40근이 아니면 불가능하다. 산 소송[山訟]이라, 땅 소송[地訟]이라, 군 징집[軍簽]이라, 목역(牧役)이라,목자(牧子)란 제주의 노역 가운데 최고로 비천한 것이다.

부유한 백성 가운데 계대(契隊)에 밉보인 자가 강등되어 이 목역에 충당되면 구족(九族)이 모두 수치스럽게 여겨 비록 가정이 깨지고 몸을 팔아 천금이든 만금이든 헤아리지 않고 면하기만을 기대한다. 우포(牛庖)의 금벌(金罰), 마조(馬弔)의 속형(贖刑), 후주(酗酒)의 금난(禁亂), 불효자(不孝者), 불목자(不睦者),무릇 이와 같은 자들을 강등하여 목자(牧子)로 정했는데, 결국에는 끝내 뇌물을 받아 챙긴다. 휘장[帷]과 발[薄]을 고치지 아니하는 자,양민(良民)이나 부잣집 여자가 상간지사(桑間之事, 곧 추문)가 있어 혹 이런 일이 한마디라도 밖으로 퍼져나갈 양이면 관비(官婢)로 충원시켜버리니, 즉 9족(九族)이 수치스럽게 여겨 그 일이 가정을 깨뜨리고 가산을 탕진시킴에 아랑곳없이 이에 면하기만을 바란다. 현(縣)에 소속된 일로 포폄(褒貶)하기정의(旌義)·대정(大靜), 진(鎭)에 소속된 일로 포폄(褒貶)하기명월(明月)·조천(朝天) 등, 졸부(倅府)의 공사(公事)판관(判官)임, 의송(議送)의 부채[債], 비리(非理)의 소송[訟], 현진(縣鎭)의 집탈(執頉), 풍약(風約)의 공갈(恐愒)풍약(風約), 이는 계대(契隊)에 밉보인 자가 있을 경우, 고의로 일을 만들어 덮어씌우려는 일의 크기에 따라 낚아감, 이 모두가 상찬계(相贊契)의 본질이다. 최고의 기화(奇貨)는 화물을 싣고 들어온 외래 상인의 뇌물이다. 가장 비대한 덩어리는 곧 방장(坊將)의 모차(冒差)이다. 이익은 혼자 다 먹을 수 없는 것이기에 내가 10분의 9를 가져가면, 피(彼)에게는 10분의 1을 준다. 여기서 피(彼)란 곧 인장함의 열쇠를 거머쥔 자이다. 만약 도마 위의 생선을 전부 도려내어 먹을 양이면 도마에 비린

내가 나도 피(彼)는 결코 냄새를 맡지 않는다. 여기서 '피(彼)' 란 곧 탐라의 방백[耽伯]으로서 탐오한 자이다. 장차 냄새라도 맡을 양이면 어이할거나? 아름답고 젊은 여자들을 주어 아양을 떨게 하는 것이 바로 그것이다.

○고찰하건대 지혜의 주머니와 간사한 소굴에 구멍을 뚫는다는 게 참으로 오묘하다. 사기를 부리고 비밀스레 운행함이 가면 갈수록 정교해진다. 그러기에 백성들의 살가죽을 남김없이 벗기고, 백성들의 살을 여지없이 도려내며, 백성들의 피를 남김없이 빨아먹고, 백성들의 뼈를 여지없이 부숴내니, 네 가지가 다 소진되어 없어짐이 지극하다. 상찬계(相贊契)의 계책이 크게 성공하면 신법(神法)이 행해지게 된다.

【讀原文】

於是擇智謀出凡者擇權威備具者擇妙奸伸縮者握其契欛上自通引吸唱房子外至軍奴使令拏長及三班將校厥黨之伶俐者相与贊助乃成厥謀夫消盡男子之鐵腸者嬌也磁出貪夫之鄙欲者利也嬌容妖服曼睩娥眉鮮妍之態婉晩之言角枕之上錦衾之裡情諭忠提日如是則利於使道[112]不如是則不利於使道如是則有利而爲明使道不如是則無利而敗歸丁寧伸告語則有理矣情則其融矣暗暗中宵自己揣

112 使道(사도): '사또' 의 음을 차용한 한자어. 곧 목사(牧使)를 지칭함.

摩[113]則千里離家千里涉海爲此苦狀月捧牧稅牧地之稅上營食之盡入於京朝之問存馬鬉籉[114]斂盡入於親姻之求請三年謫此一産未營妻子困苦清廉未嘗飽也餓死亦無義也府中秘密之事羽翼[115]已成寧擲對前之盤[116]乎又糀二嬌誘其寵裨誘其寵册裨亦同腸册亦同肝[117]嬌兮嬌兮能磁出此肝腸則其身奢美其身安榮郎也子也同享其利於是日夜祝手時刻顒瞻[118]伺之察之戒之命之曾未數月果然墮之於術中矣相欣相賀曰妙妙哉奇奇哉好哉好哉得矣得矣陰陽相合爲鬼爲幻一城慶喜萬民水火　○案莫見乎隱莫見乎微[119]民至愚不可欺人心至靈此三事爲人牧者尤所講磨者也乃嗅此一俎殘鯹坐爲豺虎之隊將　聖朝向化之民齧嚼欲無遺子畢竟寧不生出來梁濟海乎

【역문】

그러기에 지모(智謀)가 보통이 아닌 자를 택하고, 권위(權威)가 구비되어 있는 자를 택하며, 오묘한 간사함[妙奸]을 신축(伸縮)성 있게 부릴 줄

113 揣摩(췌마): 상대방의 진의를 알아내어 서로 합치하게 됨. 깊이 음미함.

114 馬鬉籉(마종대): 말총삿갓. 여기서 마종(馬鬉)은 말갈기를 의미하는데, '종' 자가 '鬉', '鬃' 으로 통용된다. 특히 말총삿갓인 마종립(馬鬉笠)은 본래 기병(騎兵)들이 쓰는 것으로서 보통 갓보다 약간 높고 위의 통형(筒形) 옆에 우모(羽毛)를 붙임.

115 羽翼(우익): 본래 '새의 날개' 란 뜻인데 어의가 전성하여 '보좌하는 사람' 을 뜻함.

116 前之盤(전지반): 앞에 놓인 소반. 역자가 생각하기로 이 말의 뜻을 확대해 해석하면 '앞전의 목사가 행한 바 그대로' 란 부정적 의미를 함축하고 있는 것으로도 볼 수 있다고 생각된다. 곧 이 표현이란 '후인이 경계해야 할 지나간 일들' 이란 의미의 상징으로 쓰인 '전거(前車)' 의 고사(故事)와 상통하는 면이 있다고 견주어 보는 것이다. 곧 『순자(荀子)』 「성상(成相)」편에, "앞의 수레가 이미 뒤집혔는데도 뒤따르는 수레의 진로를 바꿀 줄 모르니 언제 깨달을 것인가?(前車已覆後未知更何覺時)" 라고 함이 바로 그것이다. 순자 지음(김학주 옮김), 『순자(荀子)』(을유문화사, 2003), 707-710쪽.

117 裨亦同腸册亦同肝(비역동장책역동간): 비장(裨將) 역시 같은 장(腸)이요, 책방(册房) 역시 같은 간(肝)이라. 조선조에는 일반적으로 부(府)의 관내에서 사또를 보좌하는 비서격으로 비장(裨將)과 책방(册房)이란 사조(私朝) 관리를 두어 운영함이 기본이었다. 비장은 보통 육방관속이라고도 칭하는데 이호예병형공(吏戶禮

아는 자를 택하여, 이들이 바로 상찬계(相贊契)의 열쇠를 쥐게 한다. 위로는 통인(通引), 흡창(吸唱), 방자(房子)로부터, 밖으로는 군노(軍奴)와 사령(使令), 나장(拏長) 및 삼반(三班)의 장교(將校)에 이르기까지 그 당(黨)의 똑똑하고 민첩한 자는 서로 더불어 찬조(贊助)하고 이내 그 음모를 성사시킨다. 무릇 남자의 철장(鐵腸)같은 의지를 소진(消盡)시키는 것은 교태[嬌]이고, 탐부(貪夫)의 비루(鄙陋)한 욕심을 자석(磁石)처럼 끌어당기는 것은 이익[利]이다. 교태스런 용모와 요사스런 복장, 고운 눈망울과 아름다운 눈썹, 선연(鮮姸)한 자태, 원만(婉晩)한 말소리, 모난 베개와 비단 이불 속에서 정(情)을 바치고, 충(忠)을 제창하여 날마다 이와 같으면 사또에게 이익이고, 이와 같지 않으면 사또에게 불리하다. 이와 같으면 이익이 있고 명(明) 사또가 되고, 이와 같지 않으면 이익도 없고 패망하여 돌아간다. 이런 말로 간곡하게 고하면 이치가 있고, 정(情)이 이미 녹아는 것이다. 어둡고 어두운 저녁 누렵에 자기 혼자서 깊이 음미해보기를, '천리 길 가족을 이별하고, 천리 길 바다를 건너왔건만 이와 같은 고생을 당해야 하는 신세라니!' 매달[月]마다 목세(牧稅)목지(牧地)의 세금으로서 상영(上營)에서 그것을 먹는다.를 죄다 서울 조정(朝廷)의 고관에게 문안 올리는데 쏟아 붓

兵刑工)의 비장이 각기 있고, 책방은 주로 관청의 문서를 보관하는 책실(冊室)에 근무하는 일종의 서기(書記)인 셈이다.

118 顒瞻(옹첨): 응시하다. 옥안(玉顔)을 뵈다.

119 莫見乎隱莫見乎微(막현호은막현호미): "은미(隱微)한 것보다 더 드러나는 것은 없다."란 의미로 『중용(中庸)』에서 '신독(愼獨)' 을 강조하며 쓴 말이다. 곧 "보이지 않는 마음보다 더 잘 보이는 것이 없고, 미세하게 일어나는 생각보다 더 또렷이 나타나는 것이 없다. 그러므로 군자는 혼자만이 아는 마음을 삼가는 것이다.(莫見乎隱莫顯乎微故君子愼其獨也)" 박완식 편저, 『중용(中庸)』(여강, 2005), 75-76쪽.

고, 말총삿갓[馬髮簟]의 징수는 죄다 친 · 인척의 요구와 간청에 부응하는 데 쏟으니, 3년간 유배 아닌 유배를 이곳에서 하면서 하나의 재산도 경영치 못하고 처자(妻子)만 고생하니, 청렴(淸廉)하여 배를 채우지 못하고 굶주려서 죽어도 역시 의로움이 없음은 매한가지라. 관내에 비밀스런 일에 보좌하는 사람[羽翼]이 이미 완성되었거늘 어찌 앞에 놓인 소반을 내던지겠는가? 게다가 두 교태스런 여인을 화장케 하고 그 은총을 들어 책방(冊房)을 유혹하고, 그 은총을 들어 비장(裨將)을 유혹한다. 비장도 같은 장(腸)이요, 책방 또한 같은 간(肝)이다. 교태스런 여인이여! 교태스런 여인이여! 이 간(肝)과 장(腸)을 능히 자석처럼 끌어당겨올 수 있다면 몸이 사치스럽고 아름다우며, 몸이 편안하고 영화를 누리니 낭군도 아들도 아울러 똑같이 그 이익을 향유하게 되리라. 그러기에 밤낮으로 손을 비벼대며 매 시각마다 옥안을 찾아 엿보고[伺], 살피며[察], 경계하고[戒], 명(命)하면 몇 달이 채 안 되어 과연 (사또가) 술책(術策) 가운데로 빠져들게 된다. 그러면 (상찬계의 아전들과 기녀들이) 서로 기뻐하며, 서로 축하하니 이렇게들 이른다.

"참으로 오묘하고, 오묘하도다! 놀랍고도 놀랍다! 참으로 좋고 좋네! 됐다 됐어!"

음(陰)과 양(陽)이 서로 합해져 귀신이 되고 환영이 되어 온 성안(아전과 기녀들)이 경사로 여겨 기뻐하고, 만민은 불과 물을 만나 도탄에 빠지고 만다.

○고찰하건대 숨어있는 것보다 더 드러나는 것이 없으며, 미미한 것보다 더 뚜렷한 것이 없다. 백성들은 지극히 어리석더라도 속일 수 없고 사람의 마음은 지극히 신령(神靈)하다. 따라서 이 세 가지 일은 남의 목자가 된 사람(곧 수령)이 더욱 강구하고 연마해야 한다. 마침내 조두(俎豆)의 비린내를 한번 냄새 맡으면 승냥이와 범의 대장이 되어 성스러운 조정의 향화(向化)하는 백성들이 깨물고 씹어대어 자식을 하나도 남겨두지 않으리니, 필경 어찌 양제해(梁濟海)란 자를 세상에 태어나도록 하지 않을 수 있단 말인가?

【讀原文】

於是達梁之留神[120]萬萬營邸之留神[121]萬萬京邸之留神[122]萬萬又次億億萬萬之神有母息子息錢謂之子母錢母神雖死言用之也子神生生不窮不盡於是乎厥神已百億萬矣濟伯之新下也京城之用京神供之完營之用完神供之達梁之用達神供之十萬不爲多百萬不爲渴伯未入海已醉眩於三神矣旣入鎭府數月伯也眉顰顉蹙憂愁在中時正渴悶之際言自京引用之物以未酬之故正憂愁渴悶吏眼已慧矣

120 達梁之留神(달량지류신): 달량(達梁)에 머무르는 신. 제주와 뭍을 연결하는 항구 중 대표적인 물류 항구가 달량(達梁)이다. 물류의 하역 및 운송에 따른 제반 업무처리에 여러 가지 이권까지 겹치며 온갖 비리가 자행되는 곳이라는 의미에서 붙여진 표현임.

121 營邸之留神(영저지류신): 완영(完營, 곧 전라감사가 있는 전주감영에 머무는 신. 곧 중앙에서 제주로 부임하던 목사 등의 관료가 경유했던 전주부(全州府) 감영에서 행해진 온갖 만행과 비리를 상징하여 표현한 것임.

122 京邸之留神(경저지류신): 서울의 중앙행정 관아에 머무는 신. 즉 인사, 지원, 행정, 사법 등 총체적인 업무를 총괄한 중앙 행정의 난맥상을 우회적으로 표현한 것임.

一夕俯伏於窻下曰京營引用下記今爲幾萬數此物區劃恐恐者下吏敢言之辭有一策某防某甲冒差鎭將冒差者只受差帖不爲行公者也某徒某乙冒差千摠合除身役以某吏差出船色以某校差出軍監捐此數十片白紙忘此幾萬數加下之意惶恐敢達於是俄之颦者蹙者憂愁者深乎其釋正如盛夏病熱之人倒傾一壺之醍醐[123]者焉於是吏爲忠吏奄作腹心 ○案一匙俎殘流毒萬姓李道喆之三次情寃寸功未得地運所係李亦奈何

123 醍醐(제호): 우유에서 정제한 음료란 의미로 맛있는 술의 비유.

【역문】

그러기에 달량(達梁)에 머무는 신(神)이 만만(萬萬)이요, 영저(營邸)에 머무는 신이 만만(萬萬)이요, 경저(京邸)에 머무는 신이 만만(萬萬)이라. 게다가 이런 억억(億億) 만만(萬萬)의 신(神)이 어미와 자식식전(息錢)은 그것을 일컬어 자모전(子母錢)이라 함이 있는데 어미 신[母神]이 비록 사망(死亡)그것을 다 써버림을 말함하더라도 아들 신은 낳고 또 낳아 막히지도 다하지도 않는다. 이에 그 신(神)은 이미 백억만(百億萬)인 것이다. 제주목사가 새로 도임하게 되면 경성(京城)에서의 쓰임엔 경신(京神)으로 제공하고, 완영(完營)의 쓰임엔 완신(完神)으로 제공하고, 달량(達梁)의 쓰임엔 달신(達神)으로 제공한다. 10만은 많은 게 아니다. 1백만은 고갈됨[渴]이 아니다. 목사가 아직 바다에 들어서지도 않았는데도 3신(三神)에게 이미 취해서 비틀거린다. 진부(鎭府)에 들어간 지 서너 달에 목사가 눈살을 찌푸리고 콧대를 쌜쭉거리며 우수(憂愁)가 속에 가득할 때는 바로 갈증(渴症)과 고민(苦悶)이 있는 때이니이는 서울로부터 인용(引用)하는 물건의 대가를 아직 갚지 않았기 때문에 우수에 잠기고 갈증과 고민을 나타냄을 말함 아전[吏]의 눈은 이미 밝아져 있었다. 하루 저녁 창 아래에 엎드려서 빌며 이르기를,

"경영(京營)에서 인용(引用)한 내역이 내려왔습니다만 이제 거의 만(萬)의 수(數)가 되는데, 이것의 구획(區劃)에 관해 황공하오나여기서 '황공하오나[恐]'란 말은 아래 관리가 감히 말을 건넨다는 투의 겸사(謙辭)임 한 가지 방책이 있긴 합니다. 아무개 방(防), 아무개 갑(甲)이 진장(鎭將)에게 모차(冒差)하고,'모차(冒差)'란 표현은 다만 차첩(差帖)을 받음이 공적으로 행하는 일이 아님을 의미함 아무개 도(徒), 아무개 을(乙)이 천총(千摠)에게 모차(冒差)하여 모두 신역(身役)을 제거하며, 아무개 아전[吏]을 선색(船色)으로 차출(差出)하고, 아무개 교(校)를 군감(軍監)으로 차출(差出)하며, …. 이처럼 수십(數十) 편(片)의 백지(白紙)를 출연(出捐)하여 저 (경영에서 인용한) 기만(幾萬)의 수(數)를 잊어버리고 아래에 더하시라는 뜻을 황공하옵게도 감히 아뢰나이다."

이에 접때 얼굴을 찡그리고, 눈살을 찌푸리게 하고, 우수에 잠겼던 것이 풀림[釋正]이 마치 한창 더운 여름날 열병을 앓은

사람에게 한 병의 호리병 속에 담긴 맛있는 술[醍醐]을 전부 기울이듯이 한다. 이에 아전(吏)은 충성스런 아전이 되며 복심(腹心)을 이루게 되는 것이다.

○고찰하건대 한 숟가락의 도마 위 생선이 만백성에게 해독을 끼친다. 이도철(李道喆)이 3차에 걸친 정사에 얽힌 억울함을 풀어보려던 적은 공도 효과를 보지 못했으니 땅의 기운[地運]에 매인 바를 이(李)씨 또한 어찌하겠는가.

【讀原文】

於是吏旣以鋮之釣釣得變化之龍矣興雲興雨任渠[124]指使[125]夫朝天禾北間所泊商船歲幾千數商旅惟譏聖人之大政也乃今視其物貨括之剝之惟充渠欲欲若不充嚴立販貿之禁一人見忤萬商束手商旣深入閱月苦勞業空船出海本旣半鋪言米柹之尾泉已多鋪於民間收亦不給二朔三朔鄕思正鬱北望悲歎萬金千貨而無所貴於是入羅網從上下從四方者皆外來之商也同同駄納柹五十匹曰同苫苫任運米包曰苫 柹山米阜一朝之頃已岹嶢數十丈其隊之奸謀妙訣雖管氏脊茅之法[126]蔑以加矣厥怨何及利則吏括辱則伯

124 渠(거): 저자. '저 사람'을 낮추어 일컫는 말.

125 指使(지사): 일을 지정(指定)하여 사람을 부림을 일컬음. 곧 남을 사주(使嗾)함. 이 말의 용례를 들면, 『예기(禮記)』「곡례(曲禮)」(상)편에서 "… 나이 60세를 일컬어 기(耆)라고 하는데 이때는 사람을 부린다(六十曰耆指使)."라고 했다.

126 管氏脊茅之法(관씨척모지법): 본래 '管氏菁茅之法(관씨청모지법)'이라 해야 옳다. 곧 여기서 '脊茅(척모)'는 '菁茅(청모)'의 오기(誤記)인 셈이다. 관씨(管氏)는 관중(管仲, 기원전 725~645년경)으로서 그의 '푸른 띠풀[菁茅]로 나라를 이롭게 하는 계책'의 의미를 담고 있는 '청모지모(菁茅之謀)'는 『관자(管子)』의 83편 '물가조절정책(3)[輕重丁]' 편에 소개되고 있다. 관중(管仲) 저(김필수 외 3인 공역) 『관자(管子)』(소나무, 2006), 988-989쪽 참조.

萃伯兮伯兮何多愚也 ○案數十年前外人之商於濟者每獲十伯之利矣近之不能如此者蓋由此也若自國營造數百艘立法如番船之爲設市於達梁之府禁私商之法非但彼隊不得售奸在國家顧有愈於白骨之括布顧有愈於殘佃之括粟矣弘羊安石[127]雖云言利之小人其志蓋本於賦不欲橫出稅不欲橫徵也寧不恨哉

127 弘羊安石(홍양안석): 여기서 '홍양(弘羊)'은 '상홍양(桑弘羊)'을, '안석(安石)'은 '왕안석(王安石)을 두고 지칭함이다. 다산(茶山) 정약용(丁若鏞)은 그의 유명한 저서 『경세유표(經世遺表)』에서 이들 두 사람을 신랄하게 비판했다. 상홍양의 경우, 선왕의 법을 상고하지 않은 채 제멋대로 부법(賦法)을 내세웠다고 비판했고, 왕안석은 자신이 제창한 청묘법(靑苗法)과 보갑법(保甲法)이 『주례(周禮)』에서 나온 것이라고 거짓으로 속인 일을 꼬집었다. 정약용 저(이익성 역), 『경세유표(經世遺表)(Ⅰ)』(민족문화추진회, 1987), 38쪽 참조.

【역문】

이에 아전들은 고기바늘[鍼]로 낚시질을 한 후 변화의 용(龍)을 얻어서는 구름을 일으키고, 비를 일으키기를 저자[渠]의 사주(使嗾)에 내맡겼다. 무릇 조천(朝天)과 화북(禾北) 사이에서 상선(商船)이 정박하는 것이 매해 거의 천 번인데, 상려(商旅)들은 오로지 성인(聖人)의 큰 정치를 나무랄 뿐이다. 그런데 지금 그 화물(貨物)을 보고 갈취하고 빼앗아버려 오로지 저자[渠]의 욕심을 충족시키고, 욕심이 만약 채워지지 않았다면 판매하는 무역의 금지를 엄정하게 세워, 한 사람이 거스르게 보면 만인의 상인들 손을 묶어둔다. 상인들은 이미 깊숙이 들어와 여러 달을 거쳐 고된 노동에 종사하며 빈 배로 바다에 출항하는 것이다. 본래 이미 반포(半鋪)쌀이나 면포의 미천(尾泉)이 이미 민간에 있는 가게[鋪]에 많음을 일컬음 에서의 거둠도 두 달 석 달에 충당하지 못하는데 고향을 생각하면 우울하여 북쪽만 쳐다보며 비탄에 잠기곤 하므로 만금천화(萬金千貨)도 귀한 바가 아니었다. 이에 그물을 펼쳐 위아래로 치고 사방으로 쳐서 걸려드는 것이 모두가 다 밖에서 들어온 상인들이다. '동동태납(同同駄納)' 면포 50필을 일컬어 '동(同)'이라 함, '섬섬임운(苫苫任運)' 쌀[米]을 포함함을 '섬(苫)'이라 함이라. 면포가 쌓여 산을 이루고, 쌀은 구릉을 이룰 정도이니, 하루아침 잠깐 사이에 이미 산더미처럼 높이 쌓여 수십 장(丈)이 되었을 때, 상찬계 무리들[隊]의 간사한 계략과 묘결(妙訣)이 비록 관씨(管氏)의 '척모지법(脊茅之法)'이라 해도 이보다 더할 수가 없을 정도이니 그 원망이 어찌 미치랴! 아전[吏]이 착취하고 모욕은 목사[伯]에게 모이니 사또[伯]여, 사또[伯]여! 어찌 그리도 어리석단 말이오.

○고찰하건대 수십 년 전에 외인 상인(商人)이 제주에 오면 매번 열 배 백 배의 이익을 얻었으나 근래는 이와 같이 할 수 없게 된 것은 바로 이런 연유로 말미암아서이다. 만일 나라에서 배 수백 척을 건조하여 운영하면서 법을 세우길, 예컨대 달량부(達梁府)에 외국 선박[番舶]을 위해 시장을 열어둔 것처럼, 사적으로 상거래를 하지 못하도록 금지시키는 법을 만든다면, 저들 무리[隊]가 몰래 사고파는 간사한 짓을 못하게 될 뿐만 아니라 도리어 국가에 있어서도 이는 백골(白骨)의 괄포(括布)보

다 낫고, 잔존(殘存)하는 소작인[佃人]들로부터 괄속(括粟)하는 것보다도 나을 것이다. 비록 상홍양(桑弘羊)이나 왕안석(王安石)은 이익만을 말한 소인(小人)이라고들 일컫긴 하나, 대개 그 뜻이란 본래 부(賦)를 마구 부과하지 않고, 세(稅)를 마구 징수하지 않으려는 데 있었다. 이 어찌 한탄스럽지 않은가!

【讀原文】

於是鱗鱗瓦屋高堂邃宇層檻累榭窮奢極侈龍演之游橘林之賞將月之會淫樂珍食室中之觀多異多奇體上之服皆輕皆煥手足相捍罪惡自隱神鬼相衛漢山可拔妓房聚謀肥牛之腱充溢錋俎軍廳會隊蓉城之霞滃溶尊彝[128]裨廳冊室送其餕餘菊叢之翼[129]鳳尾之鱐魛魚鱐王城之目未覩異域之口所適翠鷃之梧綠蟻之香[130]多情滿酌者誰家之嬌 ○案此契始於辛亥壬子之初大於甲寅之後至壬申癸酉之間虐民無所不至生民急於水火故梁濟海等訴之謀及焉

128 滃溶尊彝(옹용준이): 옹용(滃溶)은 구름이 성하게 일어나는 모양. 혹은 술 빛깔이 탁한 모양. 준이(尊彝)는 준이(樽彝)와 같은 자로서 제향(祭享)에 쓰이던 주기(酒器)임.

129 菊叢之翼(국갱지익): 원문에서 이 부분 중 '叢(갱)' 자와 '翼(익)' 자의 자체가 불분명하게 나타나 있다. 이를 억지로 풀이해 보면 '국화잎 국물에 남겨진 날갯죽지'란 정도인데, 여기서 '날갯죽지'란 혹시 닭고기나 꿩고기 등의 건더기를 두고서 이렇게 묘사한 것인지도 모르는데 그 해석이 명확하지 않다.

130 綠蟻之香(녹의지향): 술구더기 향기. 본래 녹의(綠衣)는 걸러놓은 술에 뜬 밥알의 의미로 술구더기라고 한다.

【역문】

이에 번쩍번쩍 고기비늘마냥 화려하게 장식한 기와집과 높고 깊숙하며 넓은 집, 2층으로 된 난간과 여러 층으로 된 정자로 사치를 한껏 부려 용연(龍演)에서의 뱃놀이, 귤림(橘林) 속에서의 완상(玩賞), 장월(將月)에서의 달맞이 모임 등은 음탕한 음악과 진귀한 음식들을 차려놓아 방실에서의 광경이 다양다기(多様多奇)하고 몸에 걸치는 의복은 모두가 가벼우면서도, 모두가 따뜻하다. 손이 되고 발이 되어 서로 막아주어 죄(罪)와 악(惡)이 절로 숨겨지고, 신(神)과 귀(鬼)가 서로 호위하며, 한라산[漢山]도 뽑을 수 있을 지경이라. 기생방에서는 살진 소의 튼실한 고기로 국솥[鉶]과 도마[俎]에 가득 채우려고 모여 꾀하고, 군청(軍廳)에서의 대(隊) 모임에서는 용성(蓉城)의 유하주(流霞酒)가 준이(尊彛)에 넘실넘실하다. 비청(裨廳)과 책실(册室)에서 먹다 남긴 음식을 보내는데, 온통 국화잎 국물에 꿩고기(?)의 날갯죽지와 봉황의 꼬리 같은 말린 고기[鱐]오징어[鰂]가 숙(鱐)임는 왕성(王城)의 사람들도 눈으로 아직껏 보지 못한 이역(異域)의 입맛이다. 비췻빛 앵무새의 술잔에 녹의주(綠蟻酒) 향기를 풍기며 많은 정을 가득 담아 술을 주고받음이란 누구의 집에서 벌어지는 교태란 말인가.

○고찰하건대 이 상찬계(相贊契)란 조직의 출발은 신해(辛亥, 1791)년이나 임자(壬子, 1792)년 초에 시작되었고, 크게 왕성한 시기는 갑인(甲寅, 1794)년 이후, 임신(壬申, 1812)년이나 계유(癸酉, 1813)년까지이다.

백성을 학대함이 이르지 않은 곳이 없을 정도로 심각했고, 백성[生民]이 물불[水火]에 빠지는 것보다 시급했기에 '양제해(梁濟海)의 등소(等訴) 모의(謀議)'로 미치게 된 것이다.

【讀原文】

濟海之獄李察理到州訊益剛畢益剛因言相贊之赦察理曰諸邑之有相贊契者其邑必亡吾當碎之仍命該事書吏廉問根因都執事洪汝直言于書吏曰千里異域廉問甚難往某坊尋某甲問其源委往某徒訪某乙問其曲折因記數十處以給之洪蓋契隊之人也所謂甲乙都是契隊之心腹也所謂廉問皆是渠黨終未得實察理知其所由汰去汝直以高遇泰爲都執事高廉直人也明知根因而怵於濟海之獄不敢特異一以洪之所指指示之察理以故無可奈何契不得打破　○案含口囚舌亦是保軀之一道然世人都都是高遇泰則民將何恃乎近日完營之廉客亦以此故貪官爲廉能吏爲愚民生此厄吾不欲索言

【역문】

양제해(梁濟海)의 옥사(獄事)와 관련해서 이재수 찰리(察理)가 주(州)에 도착한 후 김익강(金益剛)을 직접 신문했다.

김익강은 옥사의 원인(原因)이란 필히 '상찬계(相贊契)의 폐단(弊端)' 으로 말미암은 바라고 진술했다. 찰리(察理)가 이르기를,

"여러 고을 중에 상찬계(相贊契)가 있는 곳은 반드시 망했다. 나는 응당 그것을 분쇄할 것이다."

라고 했다. 그래서 영(令)을 발동하여 일 맡은 서리(書吏)에게 병근(病根)을 염문(廉問)해오도록 지시했다. 그러자 도집사(都執事)인 홍여직(洪汝直)이 서리(書吏)에게 말하기를,

"천 리나 떨어진 먼 이역 땅에서 염문(廉問)을 벌임은 매우 어려운 일이옵니다. '아무개 방(坊)' 에 찾아가 '아무개 갑(甲)' 을 만나서 그 원위(源委, 자초지종)를 물어보십시오. 아무개 도(徒)를 찾아가 아무개 을(乙)을 방문하여 그 곡절(曲折)을 물어보십시오." 라고 하고는 수십 처(處)를 기록하여 주었다. 홍여직(洪汝直)은 대체로 상찬계[契隊]의 사람이다. 이른바 위에 추천한 갑(甲) · 을(乙)이란 자들 모두 상찬계의 심복(心腹)들이었다. 이른바 염문(廉問)이란 게 모두 거대 당(黨)에 속한 이들에게서 나온 것이기에, 끝내 진실을 얻지 못하고 말았다. 이 찰리가 그 연유된 바를 알아챘고, 이내 홍여직을 파면시키는 태거(汰去)의 조치를 단행하고 곧바로 고우태(高遇泰)를 새로운 도집사(都執事)로 삼았다. 고우태는 청렴(淸廉)하고 강직(剛直)한 이라서 병근(病根)과 병인(病因)

을 명백히 알고 있긴 했으나 정작 양제해(梁濟海)의 옥사(獄事)에 대해서는 두려워하여 감히 딴 마음을 먹지 못하고 하나같이 홍여직(洪汝直)이 가리키는 바대로 일러주었다. 그 때문에 찰리사로서도 어찌해볼 도리가 없어서 상찬계가 타파(打破)될 수 없었다.

○고찰하건대 '입을 다물고 혀를 붙잡아 매어둠' 또한 몸을 보전하는 하나의 방도이리라. 그러나 세상 사람 누구나 모두가 같다면, 고우태(高遇泰)란 민장(民將)을 어찌 믿을 수가 있을까? 요사이 전주감영[完營]의 염객(廉客) 역시 이 일로 탐관(貪官)이 염능리(廉能吏)가 되었으니 어리석은 백성에게 이런 액(厄)을 낳게 되었다. 내가 그런 말을 다 찾아내어 말하고 싶지 않다.

2. 이도철전(李道喆傳)

【讀原文】

李道喆[131]者州之鎭撫吏也爲人廉直兼有慷慨甲寅以後契熖倍熾時州初經凶年死亡相續軍丁盡屬虛簿當改簿之日有車興道者以州之世族家貧無以爲賂降定牧子

131 李道喆(이도철): 저자인 이강회는 이 책에서 이도철이란 인물을 언급하면서 도철의 이름자를 '道喆'과 '道哲'로 혼용하여 표기하고 있다. 참고로 '도철(饕餮)'이란 단어는 전설상에서 탐욕스럽고 잔악한 괴물의 이름으로도 알려져 있는데, 어의가 전성하여 탐욕스럽고 잔악한 사람의 비유로도 쓰인다. 어쩌면 상찬계 측에서 볼 때 이도철이란 인물을 두고서 바로 이런 뜻을 지닌 자라고 음해할 법도 하다는 생각이 절로 든다.

車有一女尚未婚州法雖稱世族旣入牧役其婚例降於牧其女耻之自縊而死其寃可知李慨然曰此契不碎濟其空矣時甲子春李自備資糧徒步上京城呈于備堂其條列吏契之敝者數百餘言矣自備堂關下濟伯以爲査實濟伯已眩於契神矣覈李反被誣上之律明年乙丑李又呈之自備堂䨱加嚴劾又被誣刑明年丙寅李又訴之於是備堂嚴詰之曰彼非狂夫三次稱寃何如是甚必有委折李旣受關畏不敢渡海行乞於靈羅之界只將寃情送于州營濟伯舊眩未霽新神又眩指李以狂悖彌縫還報於是李之家業蕩殘於此妻子親戚怨咎之李乃無面渡海三踰年未還矣契隊相与計議曰道哲吾輩之讎也雖然厥命尚全於外陸不無後慮際此貧困之時招亡納降以利誘之可以息患矣於是令其族妻折書于道哲道哲旣入親之妻子流乞姻族蕩殘無与爲生於是泣而從之今作契隊之首　○案一死何其難乎道哲其州之種氣獰壯者也不然豈敢与虎狼爭鋒至三次之遠訴乎末乃移之於貧賤何不早講於輕生之義哉然豈其心也哉昔李陵之意史遷盛言之矣[132]吾亦深有所望於道喆矣

132 昔李陵之意史遷盛言之矣(석이능지의사천성언지의): “그 옛날 이능(李陵)이 변심한 뜻을, 『사기(史記)』의 저자인 사마천(司馬遷)은 그것을 성대한 말로 남겼다.” 란 뜻이다. 참고로 사마천은 42세 때인 기원전 104년에 『사기(史記)』를 저술하기 시작했는데, 흉노와의 전투에서 부득이 투항하지 않을 수 없었던 벗 이능(李陵) 장군을 변호하다 한무제(漢武帝)에게 미움을 사서, 결국 기원전 99년 남자로서는 치욕적인 궁형(宮刑: 거세형)에 처해지기도 했다.

【역문】

이도철(李道喆)은 주(州)의 진무리(鎭撫吏)이다. 사람됨이 청렴(淸廉)·강직(剛直)하고, 여기에 비리를 보면 참지 못해 비분강개(悲憤慷慨)하는 성질이 있다. 갑인(甲寅, 1794)년 이후, 상찬계의 불꽃이 막 타오르기 시작해 점점 더 치열해질 무렵, 주(州)에서는 엄청난 흉년을 겪어, 사망(死亡)하는 자가 줄이어 군정(軍丁)은 죄다 허부(虛簿)에 속하게 되었다. 장부를 고쳐야 하는 날, 차흥도(車興道)라는 자가 주(州)의 세족(世族)으로서 집안이 가난하여 뇌물을 주지 못해 목자(牧子)라는 신분으로 강등되어 정해져버렸다. 차흥도에게는 딸이 하나 있어서 아직 미혼인 형편이었다. 그런데 주법(州法)상 비록 세족(世族)으로 불린다 하더라도 이미 목역(牧役)으로 입적이 되면 혼인은 관례상 목자에게 강등되어 치러야 했다. 그 딸은 그것을 치욕(恥辱)으로 여겨 스스로 목을 매어 죽고 말았으니 그 원통함을 알 만하다. 이도철은 분개하면서 이르기를 "이놈의 상찬계(相贊契)가 분쇄(分碎)되지 않고서는 제주가 텅텅 빌 것이다!" 라고 했다. 때는 갑자(甲子, 1804)년 봄, 이도철은 혼자서 물자와 식량을 마련하고서는 걸어서 서울까지 가서 비당(備堂, 곧 비변사)에 글을 바쳤는데, 그 몇 조목에서 아들의 '상찬계의 폐단' 을 열거하며 수백여 언(言)에 이르렀다. 비당(備堂)에서 제주목사[濟伯]에게 관문을 내려 보내어 사실관계를 조사토록 했다. 제주목사는 이미 계신(契神)에게 현혹(眩惑)되어 있는 상태였다. 이도철을 핵실(覈實)한 뒤 거꾸로 무고(誣告)한 혐의의 법률을 적용했다. 다음해[明年]인 을축(乙丑, 1805)년, 이도철은 또다시 비당(備堂)에 고했다. 다시 추가로 혹독한 핵실을 받아 그에게 다시 무고(誣告)의 형을 내렸다. 이듬해 병인(丙寅, 1806)년 이도철은 또다시 소(訴)를 하였다. 그러자 비당(備堂)에서는 엄하게 힐책을 하면서 이르기를,

"그대는 미친 놈[狂夫]이 아니냐! 3차에 걸쳐 칭원(稱寃)을 하다니, 어찌 이렇게 심하단 말이냐…. 반드시 어떤 곡절이 있을 듯도 하다."

라 했다. 이도철은 이미 관문을 받아둔 터라 두려워서 감히 바다를 건너갈 수가 없는 상황이 되자, 영암(靈岩)과 나주(羅州)의 경계지역에서 걸인행각을 벌이면서, 원정(寃情)을 주영(州營)에 송달하였다. 제주목사[濟伯]는 오래전부터 현혹이 걷히지 않았고, 신신(新神)에 현혹되어 이도철을 지목해 광패(狂悖)하다고 해서, 미봉책(彌縫策)으로 환보(還報)하였다. 다시 보고할 것이 뻔하다. 그리하여 이도철은 가업(家業)이 탕진되어 없어졌고, 이에 그의 처자(妻子) 친척들은 두루 원망하여 그를 미워하기까지 했다. 이도철은 이내 얼굴을 들 수가 없었고, 바다를 건너갈 면목이 없어서 3년이 넘도록 돌아가지 못하고 있었다. 상찬계[契隊]에서는 서로 모여 계책을 논의하

며 이르기를,

"도철(道哲)은 우리들의 원수이다. 그러함에도 그 명령이 이미 온전히 외지인 육지에 있으니 뒷날의 우려가 없지 않다. 차제(此際)에 빈곤할 때 도망자를 불러 항복을 받아들이고 이익으로 꾀면 우환을 그칠 수 있을 것이다."

라 했다.

그리하여 그 친족과 처를 통하여 도철에게 서찰을 보내게 했다. 도철(道哲)이 들어와 보니 처자가 유랑걸식(流浪乞食)하고, 친척들은 가산이 탕진되어 아무것도 남아있지 않아 살 길이 없었으므로 눈물을 흘리며 그대로 따랐다. 지금은 상찬계[契隊]의 두목[首]이 되었다.

○고찰하건대 한번 죽음이 어찌 이다지도 어렵단 말인가? 이도철(李道哲)은 주(州)에서 기세 영악(獰惡)하고 장대(壯大)한 자이다. 그렇지 않고서야 어찌 감히 호랑이와 승냥이들과의 날[鋒]을 세운 싸움을 벌이면서 그것도 3차에 걸쳐 먼 원정길의 호소를 할 수 있었단 말인가? 끝내는 빈천(貧賤)함 때문에 뜻을 옮기고 말았으니 어찌 일찌감치 '생을 가볍게 여기는 의리[輕生之義]'를 강구하지 않았단 말인가? 그러나 그것이 어찌 본 마음이었겠는가? 옛날 이능(李陵)의 뜻을 역사가인 사마천(司馬遷)은 성대한 말로 남겼다. 나 역시 마음 깊이 도철(道喆)에게 기대하는 바가 있었다.

3. 양제해전(梁濟海傳)

【讀原文】

梁濟海者州之鄕官也生於庚寅禍於癸酉十一月年四十四梁本濟之世族也爲人好公平兼愛民然家貧未學文未續子矣家在州之中面巨馬村四任鄕監再察防憲吏亦稱之契隊皆敬憚焉州法防憲爲一坊之長有憲所憲長居之大事達府小事自斷時癸酉春濟海任中面憲長旣半年民皆道之州法自府有坊事察理之端必下帖於坊憲知實校報則坊憲回諭一坊之里指日相會從公實校報例也時十月晦濟海因公事聚會諸里多人論其虛實校報畢諸里多人相聚而告曰此吏奸民敝如此如此日往月甚民將盡劉今坊憲旣爲坊長又聞使道明察吏事志在爲民此正其時有坊憲定計濟海曰吏之奸窟惟在打破相贊契然後民可生矣然爲其狀首者初頭逢辱此坊有能爲此狀首者乎衆曰惟坊長然後可矣濟海曰然則得善文者草狀來我將爲民一死言訖而罷然姑未定那日等訴矣有尹光宗者金載儉之傔也載儉契隊之欛柄[133]者也直夜尹往告于金曰子輩之所以富豪當陽者以有契也今日梁憲与民相會左袒打破以死爲誓子輩寧不危乎金

133 欛柄(파병): 본래 '기물(器物)의 손잡이' 란 뜻인데, 여기서는 '문제해결의 열쇠를 쥐고 있는 자' 란 의미로 쓰였다.

愕然曰吾知梁矣通一州人民熟知此契之根穴者惟梁一人而已吾輩每欲引此人納之契隊萬不可募得常常畏謹矣彼旣左袒[134]彼非食言之人也雖死不屈吾儕其盡爲渠之刀俎乎我神雖衆神無所售事已急矣若緩圖輕施法無所措欲故擧他事而無明罪將何爲哉卽夜招隊与計曰事機如此若於致法之日以輕勘之萬一彼內注出契事反受其害禍將不測不若以重難之事怯怵於府也咸曰我輩之骨黨幾何溘死無義事已至此殺他而生我不亦善乎直夜潛搆尹光宗告變之狀白于州伯時已三叓[135]府燭已滅妓睡合濃矣潛開東西二夾門八百餘吏一時齊入諠譁之聲徹於幄裡明晰之炬爓於堂下吏把告變之狀佯爲懼怵恐怯之狀以讀之伯睡初驚浮魂尙未返神矣同知攸措曰將若之何將若之何吏曰事已急矣少緩不可圖也方乘夜闌襲捕爲妙矣伯於是發卒圍其家濟海時方獨宿齁鼻如雷矣撡捕入城鞫之庭下問曰爾是何人乃敢謀變梁苫人也未習聞謀變之爲何事兼未績字未嘗解謀變之爲何意千萬夢外毒刑加身左右三棱杖治盜棍[136]攔擠如杵梁魂已浮矣梁曰謀變何言謀變何言伯曰爾爲謀變之元凶寧不知謀變之意乎是詐也叓加毒刑於焉之間吏輩囑之棍急

134 左袒(좌단): 어느 한쪽을 편듦.
135 三叓(삼경): 밤 11시에서 1시 사이. 여기서 '叓(경)'은 '更(경)'의 본자(本字)임.
136 治盜棍(치도곤): 조선 때, 도범(盜犯)의 볼기를 치던 곤장의 한 가지. 곤장 가운데 가장 큰 것으로, 길이는 5자 7치에 이름.

擊鶴膝[137]欲先滅其口也猛擊且厲口招如前時受杖已百餘度矣伯又問曰汝於今日亦無聚黨所謀之事乎梁乃悟之因以民畝等狀之由從頭打將來說到一遍又以相贊毒民之弊從頭打將來說到一遍曰此外死無所議伯無由得實因下重獄守獄之校嘗受德於梁者也隱憐之解其枷縲定屋同宿矣濟海旣受毒杖料不可生又念其冤恨徹玄宵直欲投水而死夜推戶出徑向川去時方隆寒川源涸渴無處葬身憤哭騰天一城擾驚校乃視之濟海不存惟聞遠遠號哭之聲因追而執置之厥明盡挐來坊會者三十餘人一一訊問竟無所實於是濟海縣枷頭竟死獄蓋相贊㕘之滅口也因以謀變告于朝廷朝廷遣察理使李在秀蓋擇之也察使之來也知獄如神民歌謠之曰天降仙官濟此冤民其令曰今此獄囚皆蚩蠢愚氓[138]無足可論此獄之起也物故者[139]八人謫者十人餘三十一人全釋之可謂平允尤雖然所謂相贊契只擧其實窟穴莫勦豺狼當道安問狐狸　○案濟海以身死族亡惠於民者也予家對耽海慣聞耽事方濟海之獄也耽人曰傳說曰濟海今世之項羽也一日三周漢山每登漢山之上頭暗習八陣之法家養驄三百匹神銃數百柄弓矢山積於家利金暗蓄於庫察理之在京也又聞

137 鶴膝(학슬): 창을 말한다. 창자루가 학의 다리처럼 위는 굵고 아래는 가늘기 때문에 '학슬(鶴膝)' 이라고 부른다.
138 蚩蠢愚氓(천잠우맹): 꿈틀대며 기어가는 벌레처럼 어리석고 무지한 백성.
139 物故者(물고자): 죄인으로서 태형(笞刑)으로 죽은 자. 곧 장살(杖殺) 당한 사람.

耽人之言濟海以鐵牆環階以金鋪後聞之馬家養惟一騎梁本獵鹿以供親饌故惟一敝銃存焉鐵牆金階之說察理見親裨審其家惟瓦則新縫矣推此諸事攻城殺吏之說皆相贊契游神之爲也察理之令亦可見初政矣其死雖寃此獄之後契隊亦皆藏頭匿形畏首畏尾四五年來民不見吏一苦少安豈非惠民之大者乎爲濟民者何不一祭於其魂撫存其孤乎吾聞耽人恥以廢族凡梁之親姻不欲与婚吏又恸之於賤役蠻俗何其過矣

【역해】

양제해(梁濟海)는 주(州)의 향관(鄕官)이다. 경인(庚寅, 1770)년에 태어났고, 계유(癸酉, 1813)년 11월에 화(禍)를 당한바, 당년 44세였다. 양제해는 본래 제주의 세족(世族)인데 사람됨이 공평함을 선호했고, 백성을 아울러 사랑했다. 그는 집안이 가난하여 문장을 배우지도 못하고 자식을 잇지도 못했다. 그의 집은 주(州)의 중면(中面)의 거마촌(巨馬村)에 있었나. 네 번이나 향감(鄕監)을 역임했고, 두 번 찰방헌리(察防憲吏)를 역임했다. 그 역시 계대(契隊)라 칭했는데, 모두가 그를 존경하면서도 한편 두려워했다. 주법(州法) 상 '방헌(防憲)'은 한 동네[坊]의 수장이다. 헌소(憲所)가 있어 헌장(憲長)이 그곳에 거주하면서 큰 사건은 부(府)로 송달(送達)하고, 작은 사건은 스스로 결단을 내린다. 때는 계유(癸酉, 1813)년 봄, 제해(濟海)는 중면(中面)의 헌장(憲長)직을 맡아 이미 반년은 지난 때였다. 마을사람들 모두가 칭도(稱道)하였다. 주법(州法)에, 애당초 부(府)에는 마을의 일을 찰리(察理)하는 단서(端緖)가 있을 시에는 반드시 방헌(防憲)에게 공문을 내려 보내서 실제 사실을 일일이 보고하면 방헌이 한 큰 고을[坊]의 마을[里]을 회유해서 날을 지정한 후 서로 모이게 한 다음 공실(公實)에 따라 일일이 보고하는 것이 관례였다.

때는 10월 그믐[晦], 양제해는 공적인 일로 여러 리(里)의 많은 사람들을 모아 회의를 열었고, 그 허(虛)와 실(實)을 논하여 일일이 보고하였다. 보고가 끝나자 여러 리(里)의 많은 사람들이 모여 고하기를,

"여기의 아전[吏]들이 간사하여 백성들의 피폐(疲敝)가 이러이러합니다. 날이 가고 달이 갈수록 더욱 심하니 백성들은 장차 다 죽어날 것입니다. 지금 방헌(防憲)은 이미 큰 마을의 대표[坊長]이고, 듣기로는 사또[使道] 또한 분명히 아전의 일을 살펴 뜻이 백성들을 위함에 있으므로 지금이 바로 그때입니다. 오직 방헌(防憲)께서 그 계책을 정하십시오."

하니 제해(濟海)가 말하기를,

"아전[吏]의 간사한 소굴을 쳐부수는 일은 오직 상찬계(相贊契)를 타파하는 데 달려 있소. 그러고 난 후에야 백성들이 살

수 있는 것이오. 그러기 위해서는 누군가 장두[狀首]가 되어 맨 먼저 욕을 당해야만 합니다. 이 마을에 장두[狀首]가 될 만한 사람으로서 누가 있소?"

라고 하자, 모두 이르기를,

"오직 방장(坊長)인 연후에야 가능할 것입니다."

라 했다. 그러자 제해(濟海)가 이르기를,

"그러면 좋소. 어디 문장 잘 짓는 사람을 얻어 두 장의 초안을 만들어 온다면 나는 백성을 위해 한 번 죽겠습니다."

라고 말을 마치고서는 그 모임을 끝냈다. 그런데 '어느 날 등소(等訴)를 올린다.' 란 것은 잠시 정하지 않은 채였다.

윤광종(尹光宗)은 김재검(金載儉)의 겸인(傔人)이고, 김재검은 상찬계[契隊]를 좌지우지하는 파병(欛柄)이었다. 곧바로 밤에 윤광종은 김재검에게 가서 고해바쳐 이르기를,

"당신들도 부호(富豪)로서 햇빛을 보는 것은 상찬계에 있기 때문입니다. 오늘 양(梁) 헌장(憲長)이 백성들과 만나 좌단(左袒)하여 (상찬계를) 타파(打破)하겠노라고 죽음으로써 맹서했습니다. 당신들도 이찌 위험하지 않겠습니까?"

라 했다. 이에 김재검은 깜짝 놀라며 말하기를,

"나는 양제해란 인간을 잘 안다. 온 주(州)의 인민을 통틀어 우리 상찬계의 근혈(根穴)을 가장 잘 숙지(熟知)하고 있는 오직 한 사람이다. 그러기에 앞서 우리들이 매번 오직 양제해 한

사람만을 끌어들여 상찬계[契隊]에 받아들이려고 했는데, 만부득이 모집을 할 수 없는 형편이라 늘상 두렵고 삼갔다. 저자가 이미 좌단(左袒)을 했으니, 이제 저자는 거짓말을 할 사람이 아니다. 비록 죽음을 불사하고라도 굽히지 않을 것이니, 우리 모두가 종국에는 어찌 '도마 위에 칼이 놓여있는 격' 을 당함이 아니겠는가? 우리의 신(神, 곧 돈)이 비록 다수라 해도 그 신(神)이 나서서 해결할 바가 못 되니 사태가 이미 급박해졌도다. 만약 완만하고 가볍게 법을 도모하고 실시해서는 아무것도 조처하는 바가 없을 것이다. 짐짓 다른 일을 거론하여 죄를 밝힐 수가 있다면 장차 어찌하겠는가?"

라고 했다. 즉시 밤에 계대(契隊, 상찬계)를 불러 계획하여 이르기를,

"사건의 기미가 이러할진대, 만약 법을 적용하는 날에 가볍게 마감했을 때, 만의 하나 저자가 내부에서 상찬계(相贊契)를 주목하여 그 화가 도리어 손해를 입게 되면 장차 일을 예측할 수도 없을 것이니 중난(重難)의 일로 부(府)에서 겁박[怯怵]을 하는 것만 못하다."

라고 했다. 그러자 모두가 함께 이르기를,

"우리들 골당(骨黨)이 불의의 일로 거의 갑자기 죽임을 당하는 일이 이 지경에까지 다다랐으니 남을 죽이고서 나를 살려냄이 이 어찌 잘한 일이 아니겠습니까?"

라고 했다. 그날 밤에 곧바로 윤광종(尹光宗)이 고변하는 글을 몰래 얽어내어 주(州)의 목사(伯)에게 보고한 시간은 이미 삼경(三更) 무렵이었다. 부(府)에는 촛불이 이미 다 꺼졌고, 기생들은 모두 잠자리에 들어 무르녹을 때였다. 동서(東西) 2개의 협문을 몰래 열어 8백여 아전들이 일시에 한꺼번에 들이닥쳐 시끄럽게 떠드는 소리가 장막 속에 쩌렁쩌렁하고, 환하게 밝히는 횃불이 당하(堂下)에서 타오르는데, 아전이 고변의 글을 붙잡고, 거짓으로 놀랍고 두려워하고 공포와 겁에 질린 모습으로 그것을 읽어나가니, 목사[伯]가 잠을 자다가 처음에는 놀라 떠도는 혼이 아직도 여전히 신으로 돌아오지 않았다. 동지(同知)가 조처를 받아들이며 이르기를,

"아이고 이 일을 어찌하면 좋을꼬. 아이고 이 일을 어찌하면 좋을꼬."

하자, 한 아전이 이르기를,

"사태가 이미 급박합니다. 조금이라도 느슨하게 해서는 도모할 수 없습니다. 바야흐로 밤이 깊은 틈을 타서 습격하여 체포함이 묘책일 것입니다."

라고 했다. 목사[伯]는 이리하여 포졸들을 발동시켜서 그의 집을 포위토록 하였다. 양제해는 그때 마침 홀로 잠을 자서 우레 같은 소리로 코를 골며 잠에 푹 빠진 상태였다. 집을 덮쳐 그를 체포한 후 성으로 끌고 들어와 뜰 아래에서 국문(鞠問)을

시작하였다.

묻기를,

"너는 누구이기에, 어떻게 감히 모변(謀變)을 시도했느냐?"

"양씨(梁氏)라는 섬사람이오. 도대체 모변(謀變)이 무슨 일인지 아직 들어보지도 못했으며 아울러 글자를 엮을 줄도 모르고, '모변(謀變)' 이란 말이 무슨 뜻인지를 미처 풀이할 수도 없습니다."

천만번 꿈에도 생각 못한 독형(毒刑)이 몸에 가해져서, 좌우로 세 모서리가 난 방망이와 치도곤(治盜棍)으로 절구질하듯 마구 그렇게 매질해대자, 양제해의 혼은 이미 공중에 떠있는 상태였다. 양제해가 이르기를,

"모변(謀變)이라니 무슨 말이오, 모변이 무슨 말이오."

라고 했다. 이에 목사[伯]가 이르기를,

"너는 바로 모변(謀變)의 원흉(元兇)인데, 어찌 모변이란 뜻을 알지 못한단 말이냐. 이 또한 속임수라."

라고 했다. 거듭 독형(毒刑)을 가하니, 잠깐 사이에 아전배들이 부탁하자 곤장을 급히 치고, 학슬(鶴膝) 모양의 죽창으로 먼저 그 입을 없애버리고자 했다. 맹렬하게 두들겨 패면서 아울러 사납게 닦달하듯 다그치기를 이전같이 하였다. 이 당시 곤장을 받은 회수가 이미 1백 번 남짓이었다. 목사[伯]가 다시 묻기를,

"너는 오늘까지 취합을 못 하니까 또한 작당하여 일을 도모하지 않았느냐?"

했다. 마침내 양제해가 이를 깨닫고서 백성들의 피폐(疲敝)해짐으로 말미암아 등장(等狀)하자고 했던 자초지종의 사유를 한바탕 이야기하고, 상찬계가 백성들에게 독을 끼치는 폐단을 자총지종 한바탕 설하고는 말하기를,

"이 밖에는 죽어도 논의한 바가 없다."

라고 진술했다. 목사[伯]는 실상을 제대로 파악할 길이 없자, 중옥(重獄, 중죄인을 가두는 옥)에 내려 보냈다. 한편 감옥을 지키는 옥교(獄校)는 이전에 양제해로부터 이미 은덕을 입었던 바가 있었는데, 측은하고 불쌍한 생각이 들어 그의 머리에 씌운 칼[枷]과 포승줄[縲]을 풀어주고 집을 정해서 함께 묵었다. 양제해는 이미 지독한 곤장세례를 받았기에 살아날 가망성이 거의 없다고 생각하고, 또 원한(寃恨)이 검은 하늘까지 뻗친 것을 생각하니 곧바로 물속에 몸을 던져 죽음을 맞고자 했다. 밤중에 지게문을 밀치고 나가서 시내로 갔다. 때는 바야흐로 추위가 한창인 철이라 시냇가의 수원[川源]이 모두 메말라 있었다. 몸을 장사지낼 만한 곳이란 딱히 없었다. 이에 격분하여 곡소리를 내어 우니 그 소리가 하늘로 치솟았고, 온 성내가 발칵 뒤집혔다. 옥교(獄校)가 마침내 보니 양제해가 있지 않았고 멀리, 저 멀리서 호곡(號哭)하는 소리가 들려왔다.

곧바로 그를 추적해서 붙잡아와 두었다. 새벽에 마을에 모였던 자 30여 명을 모두 체포해 와서 한 사람 한 사람 신문(訊問)해대도 아무런 실적을 얻을 수 없었다. 이리하여 양제해는 목에 칼[枷]을 매어단 채, 마침내 옥에서 숨을 거두었다. 대개는 상찬계가 그의 입을 말살한 결과였다. 이로 말미암아 모변(謀變)은 조정(朝廷)에까지 보고가 되었고, 조정에서는 찰리사(察理使) 이재수(李在秀)를 보내었으니, 대개 선택했던 일이다. 찰리사가 내려와 옥사(獄事)를 처리함이 귀신같아서, 백성들은 이런 노래를 지어 불렀다.

"하늘에서 선관(仙官)을 내려 보내서, 이 억울한 백성들을 구제하시는구나!"

이윽고 찰리사가 영을 내려 하달하기를,

"지금 이 옥에 갇힌 자들은 모두 무지하고 어리석은 백성들이므로 죄를 논할 것이 없다. 이 옥사가 일어날 때 물고자(物故者) 8인, 유배자[謫者] 10인, 남은 사람 31인은 전원 석방하라."라고 했다.

이는 평윤(平允)하다고 할 만하다. 비록 그럼에도 불구하고 소위 상찬계(相贊契)란 조직에 대해서는 단지 실정만 거론하고, 그 소굴에서 승냥이[豺]와 이리[狸]를 추멸(剿滅)하지 못했다. 여우[狐]와 이리[狸]에게 안부를 물을 수가 없다.

○고찰하건대 양제해는 몸이 죽고 가족이 망하여 백성들에

게는 은혜를 입힌 자이다. 나의 집이 탐라의 바다와 마주한 곳(곧 강진)에 있어서 탐라의 일 들을 종종 들어왔다. 양제해(梁濟海)의 옥사(獄事)가 있었을 때 탐라 사람들이 이르기를,

"전하는 말에 양제해(梁濟海)는 '금세(今世)의 항우(項羽)' 라고들 합니다. 하루에 세 번씩이나 한라산 주위를 돌고, 매번 한라산을 오를 때마다 정상인 꼭대기에 올라 아무도 모르게 팔진(八陣)의 법을 익힌다고 합니다. 집에서 키우는 준마가 3백 필이나 되고, 신기한 총도 수백 자루 있고, 활과 화살은 집에 산더미처럼 쌓여 있을 뿐만 아니라 날카로운 칼들도 몰래 창고에 저장해 두었답니다."

라고들 했다.

이재수 찰리(察理) 어사가 서울에 있을 적에도 탐라 사람들이 전하는 이런 말을 들은 적이 있었다.

"양제해의 집 담장은 철(銕)로써 둘러쳐져 있고, 계단은 금으로 포장되어 깔려 있답니다."

하지만 나중에 들은 바로는, 말[馬]이란 집에서는 키우는 단한 필뿐이있다. 양제해는 사슴을 사냥해서 양친에게 찬(饌)으로 바치곤 하여, 집에는 다만 낡은 총 한 자루가 있었다. 쇠 울타리[銕牆]니 금 계단[金階]이니 하는 이야기에 대해서도 찰리(察理)가 친히 비장(裨將)을 그의 집에 보내어 살펴보도록 지시해 확인해보았다. 그랬더니 다만 지붕의 기와[瓦]만이 새로

단장하여 끼워 맞춰져 있을 뿐이었다.

이런 여러 가지 일들로 미루어 짐작해 볼 때, '성(城)을 공격해서 관리[吏]들을 죽이려 했다.' 라는 설(說)은 모두 상찬계(相贊契)의 유신(游神)으로 일어난 일이었다. 찰리(察理)가 처음 내린 영(令)에서 또한 바른 정사를 볼 수가 있다. 그 죽음은 비록 억울하긴 하더라도 이 옥사(獄事) 이후에 상찬계의 무리들 역시 모두 자취를 감추어 4, 5년이 지나는 동안 백성들은 아전들의 민폐를 단 한 방울도 입지 않았다. 비록 적은 편안함이라 한들 어찌 백성들에게 혜택을 줌이 크다고 하지 않을 수 있겠는가. 그런데 백성들을 구제한 이를 위해서, 어찌 그 혼령을 한 번 제 지내고 그 남은 자식을 무존(撫存)하지 않는 것인가? 내가 들었던바 탐라인들[耽人]은 폐족(廢族)이라고 하며 수치스러워하면서 무릇 양제해의 친인척과는 더불어 아예 혼인을 꺼린다고 하고, 이곳의 아전들 또한 천(賤)한 역(役)을 겁낸다고 하니 야만(野蠻)의 풍속이 어찌 이다지도 지나치단 말인가!

4. 김익강전(金益剛傳)

【讀原文】

金益剛者本金官之裔[140]也其先當癸亥[141]之後奉昏

朝[142]入海仍居焉益剛亦鄕官也州法擇鄕官甚清眞外妻三黨皆爲鄕官兼有威望然後乃得爲鄕比國之弘文錄焉故其人器迥与南鄕之爲吏傔徒弄丁換穀者不啻天壤矣益剛其最著者也故五任鄕監一徑鄕首民戴愛之府中稱廉契隊亦畏憚焉梁獄之起也吏謀曰益剛濟海之切姻也一廳周旋情同骨肉旣已除梁不究於金吾儕生不爲生矣於是拘捕至庭將刑州之梃手皆与泣下曰吾儕何敢加棰於金鄕首乎吾輩雖死所不忍也授杖半日無一人敢入者於是招旌義之梃手時二邑相會府杖之杖之十二竟不首實吏以㑩音加手金乃扯裂曰前雖無罪今之扯此死猶無惜請急殺之伯無奈何下獄囚之吏以三大之枷納之於項別擇四壁風雪之獄絶其飮食飛鳥不通七十二日蓋欲飢於食病於冷壓於枷急急滅口之計也然獄卒或累石於枷頭[143]枷不令下迆以致壓也獄校或抱餠於懷中夜半必食之曰某徒里濟邑里一徒二徒三徒稱言某酒媼送此以救某徒里某老婆餌此以餽如是七十二日飯不入口惟夜半所餽餠

140 金官之裔(금관지예): 김해 김씨의 후예. 금관(金官)이란 본래 '금관가야(金官伽倻)'에서 온 말이다. 결국 김익강은 본관이 김해(金海)로서 김해 김씨의 후예임을 알 수 있다.

141 癸亥(계해): 인조반정(仁祖反正)이 일어나던 해인 1623년을 말한다.

142 昏朝(혼조): 광해군(光海君) 시대를 통칭하여 혼조(昏朝)라 지칭한다.

143 累石於枷頭(누석어가두): 형구인 칼[枷]머리 부위에 돌을 포개어 넣어 받쳐줌.

飴之物皆州嫗之所隱救也獄卒以累石之故累經契隊之吒箠終不毁石一日營裨親審毁石曰重犯之囚枷頭累石何爲如是怒棓獄卒血流成池蓋眩於契神者也裨旣旋步又累其石曰我等雖死何忍見鄕首之壓死枷下乎其善聞之入人深可知也李察理到全州安護罪人之令至焉始得溫房保宿凡七十二日始得見子面契神之防人骨肉至於是矣察理到州嚴訊不得首實蓋益剛之女濟海之婦也[144]以故謂以知情定配遠島時年六十一

○案吾嘗憤南鄕之陋卑不忍正視如益剛者其人器如是不覺濟州有此等人也吾聞之文天初[145]巽菴丁公[146]謫在黑山見益剛奇之大託心契[147]云故吾又延見眞非單薄外視人也後之人其毋侮濟人也

【역문】

김익강(金益剛)은 본래 금관(金官)의 후예(後裔)이다. 그의 선조는 광해군 시대를 마감한 계해(癸亥: 1623)년 인조반정(仁祖反正) 때 광해군을

144 益剛之女濟海之婦也(익강지녀제해지부야): 익강(益剛)의 딸이 제해(濟海)의 며느리이다. 곧 김익강의 딸은 양제해의 큰아들 양일회(梁日會)의 처로서, 결국 김익강과 양제해는 사돈관계이다. 『제주양씨성주공파대동보(濟州梁氏星主公派大同譜)』 2권(2001), 84-85쪽 참조. 여기서 한문해석상 '婦(부)'는 아내가 아닌 며느리로 해석해야 옳은 새김이 된다. 학계에서 대부분 '김익강은 양제해의 장인이다.'라고 하는 주장은 그래서 옳지 않다. 한편 남구만(南九萬)이 자신의 문집 『약천집(藥泉集)』에서 『예기(禮記)』의 「상복소기(喪服小記)」의 글을 해석함에 있어서 문맥상 "이른바 '부(婦)'라는 것은 바로 며느리이지 아내가 아니다.(所謂婦者乃子婦也非妻也)"라고 강조하고 있음도 이에 참고할 만하다. 남구만(南九萬) 저(성백효 역), 『약천집(藥泉集)(5)』(민족문화추진회, 2007), 59쪽 참조.

145 文天初(문천초): 흑산도(정확하게는 우이도) 주민으로서 본명은 문순득(文淳得, 1777~1847)이다. 손암(巽庵) 정약전(丁若銓)이 흑산도(우이도) 유배 시 적거지가 바로 문순득의 집이었다. 그때 마침 우이도에 살던 문순득은 1801년 12월에 홍어를 사기 위해 선원 다섯 명과 다른 쪽 섬으로 가다가 풍랑을 만나 표류해 류쿠[琉球], 여송(呂宋, 필리핀), 오문(澳門, 마카오)을 거쳐 중국의 광동성, 광서성, 강소성, 안휘성, 북경, 만주를 거쳐 서울, 흑산도로 이르는 먼 길을 여행하고 돌아온 때였다. 이때 손암은 문순득의 구술(口述)을 받아써서 『표해록(漂海錄)』을 남겼는데, 이때 그에게 호를 지어주길 천초

받들어 바다 건너 (제주에) 들어온 후 그대로 눌러앉아 정착하게 되었다. 김익강(金益剛) 역시 향관(鄕官)이었다. 주법(州法)에 향관으로 선택되려면 매우 깨끗하여 진가(眞家)·외가(外家)·처가(妻家)의 3당(黨)이 모두 향관(鄕官)이 되면서 겸하여 위세(威勢)와 명망(名望)이 있게 된 연후에 마침내 향관(鄕官)이 되니 나라의 홍문록(弘文錄)에 비견되었다. 때문에 그 사람의 그릇이란 그저 농정(弄丁)하고 환곡(換穀)하는 남향의 아전이나 사환과는 비교되지 않을 정도로 하늘과 땅 만큼이나 크게 차이가 났다. 김익강(金益剛)은 그중 가장 저명(著名)했기에 그런 연고로 무려 다섯 번이나 향감(鄕監)을 역임했고, 한 번은 향수(鄕首)를 거치니, 백성들이 추대(推戴)해서 그를 사랑하고 부(府) 중에서 가장 청렴(淸廉)한 이라고 칭송했다. 상찬계의 무리들 역시 그를 경외하고 두려워했다. 양제해의 옥사(獄事)가 일어나자 관리가 도모하여 이르기를,

"김익강은 양제해의 절친한 인척관계이다. 청사(廳舍) 내를 주선(周旋)하여 정(情)이 같은 골육(骨肉)들은 이미 다 제거했지만, 김익강에 대해서는 양제해가 끝까지 혐의를 말하지 않으므로 우리들은 함께 살아있어도 그게 살아있는 게 아니다."

(天初)라 했다. 천초(天初)라 함은 조선인으로서 개국 이래 바다 밖으로 나가 여송국까지 갔다 온 것은 문순득이 최초의 사람이었기에 붙여진 것이다. 한편 이강회가 자발적으로 흑산도(현재의 우이도)로 들어가 거주하며, '현주서옥(玄洲書屋)'이라는 당호를 붙이고 해양과 관련해서 조사 연구하며 많은 저술을 남겼던 곳이 바로 문순득의 집이다.

146 巽庵丁公(손암정공): 손암(巽庵) 정약전(丁若銓, 1758~1816)을 두고 이름이다. 다산(茶山) 정약용(丁若鏞)의 중형(仲兄)인 그는 1783년 사마시에 합격하여 진사가 되었고, 이어 1790년 증광문과에 응시, 병과로 급제하였다. 이벽·이승훈 등 주로 남인계 인사들과 교류하면서 서양학문뿐만 아니라 천주교 교리에 심취하기도 했다. 1801년 신유사옥 때 흑산도로 유배의 길을 떠난 후 16년 동안 그곳에서 유배가 풀리지 않은 채 생을 마감했다. 저서로는 『자산어보(玆山魚譜)』 등이 있다.

147 心契(심계): 마음속으로 굳게 약속함.

라고 했다. 이윽고 (김익강이) 붙잡혀 체포되어 관아에 이르러 형을 집행하려 들 때, 주(州)의 정수(梃手)들이 모두가 울면서 이르기를,

"우리들이 어찌 감히 김향수(金鄕首)께 매질을 가할 수 있단 말입니까? 우리들은 비록 죽는 한이 있더라도 차마 그렇게는 할 수 없습니다."

라고 했다. 곤장치기 지원은 반나절이 다 가도록 한 사람도 감히 들어서는 사람이 없었다. 이에 할 수 없이 정의현 소속의 정수(梃手)당시 2읍에 서로 회부하였다.를 불러들였다. 곤장이여, 곤장이여! 12회를 거듭해도 끝내 죄를 자백하지 않자, 관리가 다짐을 받으려고 손을 썼다. 김익강(金益剛)은 마침내 몸이 찢어지자 이르기를,

"이전에 비록 죄가 없으나 이제 이렇게 몸이 찢어진 마당에 내 죽음도 오히려 하나도 애석치 않다. 그러니 어서 죽여라!"

하니, 목사[伯]인들 이를 어찌할 수 없어 그를 하옥(下獄)시켰다. 관리가 세 개의 커다란 칼을 목에다 씌워 채우고 네 벽에서 바람과 눈이 쌩쌩 들어오는 옥을 특별히 골라 음식반입을 끊고, 날아들던 새들조차 오지 못하도록 하니, 72일간 대개 음식에 굶주리고 추위에 병들고, 칼[枷]에 눌려 어서 빨리 입을 소멸시키려 한 흉계였다. 그러나 옥졸(獄卒)은 칼[枷]칼[枷]은 아래로 비스듬하게 놓이지 못하게 하여 압력이 가해지게 되어 있다. 머리 부위

에 돌을 포개어 넣어주기도 하고, 옥교(獄校)는 간혹 가슴속에 전병(煎餠)을 숨기고 와서 한밤중에 필히 그것을 먹도록 하며 이르기를,

"아무개 도리(徒里)제주읍은 리(里)가 일도 이도 삼도로 불린다., 아무개 주막 할머니가 보내와 구제하는 것입니다. 아무개 도리(徒里), 아무개 노파가 보낸 음식입니다."

라고 하는 것이었다. 이와 같이 72일간을 식사는 입에 들이지 않고, 오직 한밤중에 보내오는 떡과 음식을 먹으니 모두가 주(州)의 할머니들이 몰래 구원한 바였다. 옥졸(獄卒)이 돌을 포개어 넣어주었다는 이유로 상찬계 무리들로부터 여러 번 질책과 채찍질을 당하기도 했지만 끝내 돌을 훼손하지는 않았다. 하루는 영(營) 내 비장(裨將)이 직접 살펴보고는 돌을 훼손시켜버렸다. 그러면서 이르기를,

"중범(重犯)의 죄수라 머리에 칼[枷]을 씌웠는데, 칼 아래에 돌을 포개어놓으니 어찌해 이와 같이 한다는 말인가?"

하면서 옥졸(獄卒)을 몽둥이로 내려치니 피가 흘러 연못을 이루었다. 내게가 계신(契神)이란 것에 현혹된 때문이었다. 비장은 이미 주위를 맴돌다가 다시 또 그 돌을 포개어 놓았다. 그러면서 이르기를,

"우리들이 비록 죽는 한이 있더라도, 어찌 향수(鄕首)가 칼[枷] 아래에서 차마 깔려 죽는 모습을 본단 말인가?"

라 했다. 듣기 좋으라고 이처럼 꾸며대는 말을 사람들은 속속들이 알아차릴 수 있었다.

이찰리(李察理)가 전주 감영에 도착하여 '죄인들을 편안하게 보호하도록 하라.' 고 한 영(令)이 이르러 비로소 따뜻한 방에서 잠을 잘 수가 있었다. 무릇 72일이 지나서야 비로소 자식들의 얼굴을 볼 수가 있었던 것이다. 계신(契神)들이 사람들의 접근을 막고 골육의 면회조차 방해함이 심지어 이 지경에까지 달한 것이다. 찰리(察里)가 주에 도착해 엄격히 심문했으나 자백을 받지 못하니 대개 향수(鄉首)를 실형에 처할 수밖에 없었다. 왜냐하면 김익강의 딸이 바로 양제해의 며느리[婦]였기 때문이다. 고로 일컫기를 "지정(知情)으로 연좌되었기에 먼 섬으로 유배를 정한 것이라." 하니 당시 김익강의 나이는 61세였다.

○고찰하건대 나는 이미 남향(南鄉)의 비루(鄙陋)하고 천박함에 참을 수 없을 정도로 분개해서 (제주 사람들을) 차마 똑바로 보지 못하였다. 그런데 김익강(金益剛)과 같은 인물은 그 사람의 그릇이 이와 같았으니 제주에도 이런 사람이 있었음을 미처 깨닫지 못했다. 나는 문천초(文天初)로부터 이 이야기를 들었는데, 손암(巽菴) 정약전(丁若銓) 공이 적소(謫所)인 흑산도에서 김익강(金益剛)을 직접 만나보고는 기특하게 여겨 심계(心契)를 크게 의탁했다고 한다. 그러기에 나 또한

김익강을 만나봤는데, 진실로 단박(單薄) 외시(外視)의 사람이 아니었다. 후대의 사람들은 제주사람이라고 해서 업신여겨서는 안 될 것이다.

5. 이찰리전(李察理傳)

【讀原文】

李察理名在秀延安之人也濟獄之出也朝廷擇而遣之是獄之起也契隊期於屠戮世族殄殪異黨凡獄囚絶勿飮食飛鳥不通旣渡海知事如神民謂之天仙下降如蚩蠢愚氓之令感入骨髓還其籍收一無所遺捧招刑吏金光祖嚴刑一次嚴棍十五度禮裨以明月萬戶銅臭之差嚴刑一次徵贓兵裨以山馬監牧銅臭之差嚴刑一次徵贓軍校呂永孫以幻弄軍丁作民敝間嚴刑照律鄕所鄭元集處決永孫之罪嚴刑照律于招三邑大小民人諭之曰濟海本非逆賊何爲去姓大民則俱姓呼之小民則稱以梁憲不可斥號此其大畧也益剛爲余言

○案相贊契之至於此極察理姑未知故不得柭根此其恨也

【역문】

이찰리(李察理)는 이름이 재수(在秀)인데, 연안인(延安人)이다. 제해(濟海)의 옥사(獄事)가 나와서, 조정(朝廷)에서는 그를 간택하여 파견했다. 이 옥사(獄事)가 일어남은 상찬계의 무리가 세족(世族)을 도륙(屠戮)하고, 이당(異黨)을 모조리 없애려 기도한 것이었다. 모든 옥(獄)살이 하는 죄수(罪囚)에게는 음식의 반입을 철저히 금지하여 날아다니는 새도 통하지 못하게 감금하였다. 찰리어사가 이미 바다를 건너와서 귀신같이 일을 처리하니 백성들은 "하늘 신선이 내려왔다.[天仙下降]" 라고 일컬었다. "어리석고 무지몽매한 자들은 따질 것이 없다." 라는 이재수의 명령이 골수에 박히도록 감동을 주었고, 다시 장부에 기록된 거둬들인 금액을 하나도 남김없이 돌려주었다.

형리(刑吏) 김광조(金光祖)를 봉초(捧招)하여 엄형을 한 차례 내려 엄하게 곤장 15도(度)를 치도록 했다. 예비(禮裨)는 명월만호(明月萬戶)로 있을 적에 돈으로 벼슬을 산 잘못이 있어 엄형(嚴刑)을 가하고 장물을 징수했다. 병비(兵裨)는 산마감독관(山馬監督官)으로 있을 때 돈으로 벼슬을 산 잘못이 있어 엄형을 가하고 장물을 징수했다. 군교(軍校) 여영손(呂永孫)은 환롱(幻弄)과 군정(軍丁)으로 민폐(民廠)를 불러일으켜 법률대로 엄형을 가하였고, 향소(鄕所)의 정원집(鄭元集)은

영손(永孫)을 처결한 죄가 있어 법률대로 엄형을 가하였다. 이에 삼읍(三邑)의 크고 작은 백성들을 불러서 회유하면서 일컫기를,

"양제해(梁濟海)는 본래 역적이 아닌데 어찌해서 성을 떼어 버리는가? 대민(大民)은 곧 그의 성을 갖추어 부르도록 하고, 소민(小民)은 곧 양헌(梁憲)이라 일컫도록 하되 함부로 호칭해서는 안 된다."

라 했다.

이것이 그 대략(大略)이니 김익강(金益剛)이 나에게 들려준 말이다.

○고찰하건대 상찬계가 이 지경에 이름을 이재수 찰리가 잠시 알지 못했기에 그 뿌리를 뽑지는 못했으니 그것이 못내 한스럽도다.

6. 윤광종전(尹光宗傳)

【讀原文】

尹光宗者金載儉之傔也濟海之獄光宗其告變者也以其功特爲明月萬戶未到鎭在州城病癘州法病癘者養于城外之幕光宗居幕死之其妻時病其子際狂尸無人

斂竟爲州狗之所磔食

○案此可見天道也神道寧不凜凜乎哉後世之有光宗心者宜鑑之

【역문】

윤광종(尹光宗)은 김재검(金載儉)의 겸인(傔人, 심부름꾼)이라. 양제해의 옥사는 윤광종이 바로 고변자(告變者)이다. 그 공로로 그는 특별히 명월만호가 되었는데, 진(鎭, 곧 명월진)에 도착하기 이전 주성(州城)에 있을 때 문둥병에 걸렸다. 주법(州法)에 문둥병에 걸린 자는 성 밖 움막에서 요양토록 했는데 윤광종은 그 움막에서 죽었다. 그의 처도 당시 병에 걸렸고, 아들은 당시 미쳐 그의 시신을 아무도 거두는 자가 없었다. 결국 주(州)의 개들이 그 시신을 갈기갈기 먹어치웠다.

○고찰하건대 여기에서 천도(天道)를 볼 수 있다. 신도(神道)가 어찌 두려운 일이 아니랴! 후세에 윤광종과 같은 마음을 품은 이들은 응당 살펴보아야 할 것이다.

7. 김재검전(金載儉傳)

【讀原文】

金載儉者契隊之最奸者也始起梁獄[148]者載儉也末誤梁獄者載儉也歲丙子載儉得爲副吏房州例舊伯之副吏例爲新伯之延吏新延吏房也伯旣盈瓜[149]金當爲延舊伯旣習知載儉之性若彼得任民無孑遺故擇州吏惟金相彬廉謹讓退不東於契隊實心隱民戊寅春以相彬爲延吏治送迎新之裝相彬載儉之母弟季也姨四寸相彬辭不行曰我何奪人之食乎他人尚不可況姨從之間乎稱病不起濟伯嚴杖送之未至京載儉徑往京城適用三神之法達梁神完營神京邸神已見上卽往新伯之第自立爲延吏已下來到完營相彬始往見身新伯逐之曰爾州之延吏何其多也於是相彬不敢入舊伯之出海也憤之捕載儉至前曰爾若居濟濟其亡矣我今捕汝至京啓廷斬首送至濟中以快民情於是相彬及載儉之親諸老吏相与緩之決梱三十度伯旣出海載儉訴之新伯扑殺相彬相彬之妻子陳其寃並拘之令不得出獄蓋畏其鳴

148 梁獄(양옥): 양제해(梁濟海)의 옥사(獄事).

149 盈瓜(영과): 다 익은 오이. 보통 임지에서 임기가 만료되어 교체될 관료를 빗대어서 이런 표현을 단다. 『춘추좌전(春秋左傳)』「노장공(魯莊公)」 8년(기원전 686년)조에 보면 이런 기사가 실려 있다. "제양공이 대부 연칭(連稱)과 관지보(管至父)에게 명하여 규구(葵丘: 산동성 성 임치현 서쪽)를 지키게 했다. 그들이 참외가 익는 7월에 즈음해 임지로 떠나려고 하자 제양공이 다짐했다. '내년 참외가 익는 계절인 7월에 교대시켜주도록 하겠소.' 그러나 이들이 만 1년간의 수비를 끝냈으나 군주에게서 교대 명령이 이르지 않았다.(齊侯使連稱管至父戍葵丘瓜時而往曰及瓜而代其戍公問不至)" 좌구명(左丘明) 저(신동준 옮김), 『춘추좌전(春秋左傳)(1)』(한길사, 2006), 129쪽.

冤 ○案濟民亦無福之甚者也道哲降濟海死益剛竄相彬殺甚矣濟民之無福也

【역문】

김재검(金載儉)은 상찬계 무리에서 최고로 간사한 자이다. 처음 양옥(梁獄, 곧 양제해 옥사)을 일으킨 자가 바로 김재검이요, 나중에 양옥(梁獄)을 오도(誤導)한 자도 바로 김재검이다. 병자(丙子, 1816)년에 김재검은 부이방(副吏房)이란 직책을 얻었는데, 주(州)의 관례에 구(舊) 목사[伯] 때의 부이(副吏)는 신(新) 목사[伯] 때 연이(延吏) '신연이방(新延吏房)' 이라가 됨이 통례였다. 목사[伯]는 이미 임기를 다 마치니 김재검이 응당 연이가 되는 것이었다. 구(舊) 목사[伯]가 김재검의 성질을 익히 잘 알고 있던 터라 '만약 그가 임명되면 백성들의 자제가 온전히 남아있음이 없을 것이다.' 라고 생각했다. 그래서 '주이(州吏)' 를 간택하니 오로지 김상빈(金相彬)만이 청렴하고 삼가면서 겸양하며, 상찬계 무리에 묶여있지 않으면서 실심으로 백성들을 측은히 여겼으므로 무인(戊寅, 1818)년 봄에 김상빈을 연이(延吏)로 삼고서 구 목사를 보내고 새 목사를 맞는 단장(端裝) 채비를 하였다. 그런데 김상빈은 김재검 어머니 동생의 아들이었기에이종(姨從)사촌임, 김상빈은 처음에 사양하고 나가지 않았다. 그러면서 이르기를,

"내가 어찌 남의 관직을 빼앗을 수 있단 말이오? 남이라도 불가하거늘 하물며 이종사촌지간인데 그럴 수는 없소이다."

라 하고는 병을 핑계 삼아 일어나지 않으니, 제주목사[濟伯]는 엄중하게 곤장을 치도록 그를 송치했다. 서울에 도착하기 전에 김재검이 곧장 서울로 가서 삼신(三神)달량(達梁)의 신(神), 완영(完營)의 신(神), 경저(京邸)의 신(神)인데 이미 앞에서 나왔다.의 법을 사용하였다. 곧장 신임 목사[新伯]의 집으로 가서 자립하여 연이가 되고 내려와서 전주감영[完營]에 이르렀다. 김상빈이 비로소 신임 목사를 찾아가 알현(謁見)하였더니 내쫓으며 이르기를,

"너의 주(州)에는 연이(延吏)가 어찌 이다지도 많은가?"

라고 하는 것이었다. 그러기에 김상빈이 감히 들어가지 못하였다. 구(舊) 목사가 제주를 떠나려 할 때 그 소식을 듣고서는 매우 분개하여 김재검을 체포하여 앞에 불러두고 말하기를,

"네가 만약 제주에 살면 제주는 망할 것이다. 내가 이제 너를 체포하여 서울에 이르러 조정에 계(啓)를 올려 참수(斬首)하여 제주로 보내 백성들의 마음을 기쁘게 할 것이다."

라고 했다. 김상빈과 김재검의 친척이 여러 고참 관리[老吏]들과 더불어 서로 누그러뜨려 곤장 30도(度)로 결옥(決獄)하였다. 그 후 구 목사[伯]가 이미 제주를 떠난 상태에서 김재검은 그를 고소했고, 신임 목사는 김상빈을 곤장을 쳐서 죽게 했다. 김상빈의 처자(妻子)는 그 원통함을 진정(陳情)했지만, 오

히려 그들을 구속하여 옥에서 나오지 못하게 하였으니, 대개 그 원통함이 알려질까 두려워한 것이었다.

○고찰하건대 제주의 백성들 또한 복이 없음이 심한 자들이라. 이도철(李道哲)은 항복했고, 양제해(梁濟海)는 죽었고, 김익강(金益剛)은 내쫓겼고, 김상빈(金相彬)은 살해당했다. 심하도다, 제주 백성들이 복이 없음이여!

〈흑산도탐방기〉*

이강회의 발길을 따라 나선 2박 3일간의 여정

우이도 상산봉에서의 단독 인터뷰

어렵사리 우이도(牛耳島)로 가는 배에 몸을 실었다. 한때 소흑산도로 불렸던 우이도에 도착한 후 맨 먼저 찾은 곳은 문순득의 후손인 문채옥 옹이 사는 집이었다. 바로 그곳이 정약전의 유배터요, 이강회가 '현주서옥' 이란 연구실로 삼은 곳으로 잘 알려져 있어서다. 그러나 집주인은 마침 육지로 출타 중이어서 집에는 아무도 없었고, 뒷뱉의 키 큰 고추만이 무럭무럭 자라고 있었다. 집주인 문채옥 옹을 만나 여러 가

문순득의 후손, 문채옥 옹의 집

* 이 글은 초판『탐라직방설』에서 '책머리에' 란 표제로 소개했던 글이다.

상산에서 내려다 본 우이도 진리마을

지 내용을 인터뷰하려고 준비했었는데 아쉽게도 그 계획은 접을 수밖에 없었다. 그런데 우이도로 건너오기 전, 이곳에 오면 상산봉에 꼭 올라보라는 말을 들었던 터라, 그 대신 상산봉 등산을 작심했다. 그런데 길 안내를 자청해 줄 것으로 기대했던 마을의 한 젊은 청년의 얘기는 실망스럽기만 했다. 겨울철이면 모를까, 지금 그곳은 초목이 무성하고 가시덤불로 뒤덮여 있어 길도 잘 보이지 않을 뿐더러 자칫 잘못하면 조난당할 위험마저 있음을 토로하는 게 아닌가. 하는 수 없이 짐을 민박집에 맡겨놓은 후 카메라와 캠코더만을 챙긴 채 홀로 등산길에 나섰다. 시간이 오후 4시가 가까울 즈음이어서 길에서 만난 마을의 한 아낙 역시 "지금 산에 오르면 하산이 어려울 것이다."라는 우려 섞인 투로 걱정하는 말을 들려주기도 한다. 솔직히 일말의 불안감도 없지 않았지만 그게 나의 의지를 꺾어 놓을 수는 없었다.

등산로가 보이지 않자 대신 산비탈 능선을 택했다. 햇볕이 강렬하게 내리쬐는 오후라, 옷은 땀으로 온통 흥건히 젖어버렸고 게다가 마실 물을 미리 챙겨 오지 못했던 게 못내 아쉬웠다. 그나마 다행스럽게도 산딸기가 곳곳에 널려 있어서 그것을 따먹으며 갈증은 어느 정도 해소시킬 수 있었다. 꼬박 두 시간여 만에 산꼭대기에 올랐다. 멀리 크고 작은 섬들이 한눈에 들어온다. 잠시 휴식을 취한 후 마을의 전경을 카메라에 담았고, 캠코더를 고정시키는 발을 설치한 후 마치 방송촬영이라도 하늣이 혼자서 속석 인터뷰를 시도했다.

'최치원의 바둑판' 으로 추정되는 상산의 암석 일부

"그 옛날 고운(孤雲) 최치원(崔致遠, 857~?) 선생이 이곳 우이도의 땅을 밟은 뒤 상산에 올라, 돌에다 바둑판을 새겨 만들어 놓았다는 전설을 새삼 떠올려 봅니다. 바둑을 둔다고 하면 분명 상대가 있을 법한데, 과연 그 누구를 상대로 하여 그랬던 것일까요? 16세기 중엽 조선 선비 백호(白湖) 임제(林悌, 1549 ~1587)는 한라산에 오른 뒤, '멀리 하늘가를 바라보노라니 희고 검은 것들이 점점이 열 지어 마치 바둑판 위에 놓인 바둑알처럼 보였다.' 라는 감회를 피력하기도 했지요. 혹시 최치원 선생 또한 저 멀리 보이는 올망졸망한 섬들을 불러 모아 바둑돌로 대신 삼았던 것은 아니었을까요? 지금은 그 희미한 바둑판의 선(線) 자국만이 돌 위에 남아 있고, 상판의 돌 역시 둘로 쪼개져 나뉘어 있어서 세월의 무상함에 왠지 공허한 마음마저 들기도 합니다. 그렇지만 '자신의 바둑 상대자로 훗날 누군가 이곳에 찾아올 것을 염두에 두어 그랬던 것은 아니었을까?' 라는 생각도 한번쯤 해보게 됩니다.

나는 오늘, 다산 정약용 선생의 중형(仲兄)인 손암 정약전 선생이 유배살이를 했었고, 다산 선생의 제자인 이강회란 사람이 현주서옥이란 연구실을 차려놓고 연구를 했던 이 성스러운 땅을 밟아보게 됨에 감개가 무량함을 느끼게 됩니다. 지금으로부터 약 200년 전, 그러니까 정확하게는 1818년에 이강회는 이곳 우이도로 건너와 연구실을 차려놓은 후 여러 저술을 남겼는데 『탐라직방설』도 그중 하나입니다. 그가 우이도로 건너오기 5년 전(1813년) 제주에서 발생했던 이른 바 '양제해 모변사'로 알려진 사건을 「상찬계시말」로 밝혀놓았던 것입니다. 제주의 군사 · 지리 · 역사를 한데 묶어 엮어낸 그 책이, 200년이 지난 지금 현행복이라는 사람에 의해 번역되어 이제 막 세상에 소개될 형편에 놓여 있습니다.

흑산도 땅을 처음 밟은 필자

그에 앞서 잠시나마 그 역사의 현장을 미리 방문하여 그의 발길을 더듬어 보며 그때의 감회를 잠시 되새겨보려 합니다. 최치원, 정약전, 최익현, 이강회 등 수많은 사람들이 이곳 상산에 올라 나라의 앞날을 걱정하면서 감회에 젖었을 당시의 모습을 상상해봅니다. 어쩌면 저 당나라 때의 시인 진자앙(陳子昂, 661~702)이란 사람이 북경 서남쪽의 유주대(幽州臺)란 곳에 올라 울분에 찬 어조로 노래했던 그 상황과도 서로 비슷했던 게 아니었을까요.

"前不見古人	앞으로는 옛 사람을 볼 수가 없고
後不見來者	뒤로는 올 사람을 볼 수가 없네.
念天地之悠悠	천지의 무궁함을 생각하다가
獨蒼然而涕下	홀로 슬픔에 젖어 눈물 흘리네."

새삼, 후인으로서 선인들의 가르침을 본받아 바른 역사의 길을 모색함에 더욱 정진해야겠다는 다짐을 되뇌어보곤 합니다."

즉석 인터뷰를 마친 후 잠시 숨을 고른 뒤 목청을 새로 가다듬었다.

멀리 강진에서 역시 유배생활을 보내고 있을 동생 다산 정약용을 생각하면서, 아울러 사무치는 고향생각에 눈시울을 적셨을 손암 정약전 선생의 처지로 돌아가 '가고파' 노래를 목청껏 한번 불러보았다.

"… 가서 한데 얼려 옛날같이 살고지고,
내 마음 색동옷 입혀 웃고 웃고 지내고저,
그날 그 눈물 없던 때를 찾아가자 찾아가."

하산 길은 더욱 험했다. 골짜기 쪽을 택했던 게 오산이었다. 사람 키만큼이나 자란 잡풀들을 나무막대기로 후려치면서 길을 만들며 내려오다가 칡넝쿨에 걸려 한 차례 계곡 안으로 굴러 떨어지기도 했다. 풀이 무성했기에 망정이지 그렇지 않았다면 큰 상처를 입을 뻔했다. 민박집에 도착해보니 저녁 8시가 훨씬 지난 뒤였다. 온몸이 가시덩굴에 찢긴 채 땀으로 뒤범벅된 나의 모습을 안쓰럽게 쳐다보던 민박집 주인의 일성은 달콤한 위안의 한마디였다.

"참으로 대단하구먼요. 어서 몸을 씻고서 얼른 저녁이나 드시지요."

손암 정약전의 발길을 따라 흑산도로

우이도로 건너가기 하루 전, 나는 먼저 흑산도를 찾았었다.

홀홀 단신으로 죽장망혜 대신 배낭 하나 덜렁 짊어지고 등산복 차림으로 목포행 카페리 호에 몸을 실은 게 이른 새벽이었다. 제주항을 떠난 지 5시간이 채 못 되어 목포항에 도착했고, 이어서 쾌속선을 이용하여 흑산도까지 2시간이 채 안 걸려 도착했다. 바로 지난 6월 21일었다. 장마철로 접어들면서 출발할 때 비가 추적추적 내리더니만 흑산도에 도착하고 보니 온통 해무로 뒤덮여 앞을 분간하기조차 힘들 정도였다. 주말인데도 동승한 사람들이 많지 않음은 날씨 탓도 있었으리라는 생각이 들었다.

자산문화도서관에 전시된 정약전의 훈학 전경

면암 최익현의 적려유허비

손암 정약전 선생은 처음 6년간 우이도에서 유배생활을 했고, 흑산도에서 근 10년간 유배살이를 더 한 후에 다시 우이도로 건너가 그곳에서 생을 마감했다. 그런데 적소(謫所)를 처음 우이도에서 이곳 흑산도로 옮긴 이유는 아마도 그의 역작 『자산어보(玆山魚譜)』를 쓰기 위함이었던 것 같다. 사실 유배인의 처지에서 함부로 적소를 이탈함은 위험천만한 일이다. 그런데 그의 유배처가 흑산도로 정해져 있었기에, 당시 소흑산도로 불리던 우이도에서 이곳 대흑산도로의 이동은 그리 큰 문제가 아니었던 것 같다. 그리고 나중에 다시 우이도로 돌아오게 된 연유는 이미 동생 정약용이 해배되었다는 소식을 듣고서 조금이라도 가까이에서 그를 맞이하려 했던 심사가 반영된 것으로 보인다. 그러나 해배되었다는 소식은 들었어도 정작 정약용 자신은 해배명령서가 그곳 강진에 도착하지 않아 그곳 우이도로 건너갈 형편이 못 되었다. 우이도에서 이제나 저제나 동생이 찾아오기를 기다리던 형 정약전은 유배생활 16년 만에 그토록 그리던 아우를 만나지 못한 채 세상을 떠나고 말았다. 소설가 한승원 씨는 최근 발표한

다산이 쓴 사촌서당 편액

사리마을에서 본 사촌서당(성당 뒤편)

사리마을 쪽의 해안 절경

그의 소설 『다산(茶山)』에서 이런 이들 형제의 관계를 장구의 북편과 채편으로 비유하며 절묘하게 묘사하기도 했다.

한편 흑산도에는 양세해 모반사건에 연루되어 유배를 왔던 제주인 김익강(金益剛)이 있었기에 이강회는 손암 정약전 선생의 소개로 김익강을 직접 만나기 위해 흑산도를 방문하기도 했었다.

흑산도에 도착한 나는 정약전 선생을 기리기 위해 특별히 건축된 자산문화도서관을 먼저 찾았다. 마침 이곳을 찾는 방문객이 드물어 한가했던 터라 여유 있게 그곳을 둘러볼 수 있었고, 방문 기념으로 『자산어보』란 책 한 권을 구입했다.

정약전이 이곳 흑산도에서 후학을 양성했던 '사촌서당(沙邨書堂)'은 사리(沙里)라는 마을에 있었다. 보통 흑산도로 들어오는 모든 외부의 손님들은 예리(曳里)항에 첫발을 들여놓게 되어 있는데, 그곳에서 사리(沙里)까지는 꽤 먼 거리로 버스로 왕복 40분이 소요된다.

마침 운 좋게 하루 두 차례만 운행하는 마을 공영버스에 올랐더니 승객이 나 혼자였다. 꼬불꼬불한 산길을 돌아들면서 그 옛날 먼 길을 걸어 그곳으로 갔었을 손암 선생, 그리고 그곳을 찾아가던 이강회의 모습이 문득문득 나의 뇌리를 스친다. 중간 지점의 마을 천촌(淺村)이란 곳을 지나다 보니 면암(勉菴) 최익현(崔益鉉, 1833~ 1906) 선생의 적려유허비(謫廬遺墟碑)가 길 옆에 세워져 있다. 그 또한 정약전과 같은 유배인의 처지였는데 그보다 60년이나 지난 뒤에 이곳에 유배되어 왔었다. 최익현은 처음 대원군을 비난하는 상소를 올렸다가 제주에서 3년간의 유배생활을 했었고, 이후 병자수호조

우이도로 가기 전 도초항에서 만난 이부산 옹

약을 결사반대하는 상소를 올렸다가 다시 흑산도로 유배되어 왔던 것이다. 버스 승객인 나로서는 그곳에 머물 수 있는 시간이 허락되지 않아 아쉽게 지나칠 수밖에 없었다. 사리(沙里)에 도착해서 사촌서당(沙邨書堂)을 둘러보았다. 그곳은 마을에서 가장 높은 지대인 산 중턱에 위치해 있었는데 깔끔히 정비되어 있긴 해도 예전의 고색창연한 맛은 덜했다. 바로 앞 건물인 성당과 인접해 있는 것으로 보아 정약전이 비록 신유사옥(辛酉邪獄: 1801)으로 말미암아 이곳에 유배를 왔었어도 그의 서학(西學), 즉 천주교에 대한 관심은 식지 않았음을 짐작케 했다. 오히려 그곳의 돌담길은 아직도 그 역사의 현장을 지켜내듯이 허물어지지 않은 채 그때의 모습을 전하는 듯했다.

다음날 아침엔 날씨가 활짝 개어 다시 마을 공영버스를 이용해 사리마을을 한 번 더 찾았다. 이번엔 순전히 사진촬영을 위해서였다. 원래 왕복순환 버스가 그곳에 머물지 않고 곧바로 돌아오게 되어 있어서 젊은 버스 운전기사에게 간신히 5분간의 짬을 달라고 요청하여 허락을 받아내긴 했지만 이내 자동차 경적음을 울려냈다. 버스를 타고 오면서 산모퉁이를 돌아들며 바라보는 해안절경의 모습은 그야말로 환상적이었다.

아, 흑산(黑山)!

다산 정약용은 자신의 중형(仲兄)이 유배살이를 하던 이곳이 세상과는 단절되어 있다는 뜻의 '흑(黑)' 자가 마음에 들지 않아 '자산(玆山)' 이라 명명해 불렀다. 정약전의 『자산어보(玆山魚譜)』 '서문' 에는 이런 말로 자신의 심경을 피력하기도 했다.

"자산(玆山)은 흑산(黑山)이다. 나는 흑산에 유배되어 있어서 흑산이란 이름이 무서웠다. 집안 사람들의 편지에는 '흑산' 을 번번이 자산이라고 쓰고 있었다. 자(玆)는 흑(黑) 자와 같다."

그러나 오늘날 이곳을 찾는 내방객들의 관심이란 이런 표현과는 거리가 멀다. 세상이 많이 바뀐 탓일까? 인근 홍도(紅島)의 비경, 홍어 맛은 흑산도 산이 최고, 포구에서 들려오는 이미자의 '흑산도 아가씨' 노랫소리…. 이런저런 상념에 젖다가 문득 제주 유배인 김익강의 모습이 떠올랐다. '이곳 어디엔가 그의 후손들 역시 살아가고 있을 테지.'

흑산도를 떠나 중간 기착지인 비금항에 내린 게 오전 11시경이었다. 우이도로 건너가기 위해서는 맞은편 포구인 도초항을 이용해야 한다고 한다. 약 1킬로미터 정도의 연륙교를 지나 도초항 쪽으로 걸어서 건너갔다.

우이도로 가는 뱃 시간이 세 시간 정도 남아 있었다. 그곳 도초항 포구에서 식당을 운영하는 이부산(李釜産, 72세) 옹을 만난 것은 행운이었다. 비금 · 도초의 이야기뿐만 아니라 우이도에 관한 상세한 정보를 들려주었기 때문이다. 우이도를 찾아가는 나그네에게 그곳에 가면 상산봉을 꼭 찾아가 볼 것을 권하기도 했다. 최치원 선생의 바둑판에 얽힌 고사며, 그곳 출신으로서 한때(일제강점기) 사업가로 명성을 날렸던 최학철 씨에 관한 이야기를 상산봉과 함께 엮어 상세히 들려주었다.

이번 2박 3일간의 여정으로 이강회의 발길을 따라 우이도와 흑산도를 찾아본 경험은 나에겐 소중한 추억을 선사했다. 19세기 초엽 조선 선비이자 학자로서 치열한 삶을 전개했던 이강회란 인물이 그렇게 성장할 수 있었던 배경에는 바로 다산 정약용 선생의 가르침이 있었다는 것을 절로 실감할 수 있어서다. 요컨대 다산 정약용과 손암 정약전으로 대표되는 끈끈한 형제애, 스승 정약용과 제자 이강회를 통한 교학상장(敎學相長)의 실례로서의 사제(師弟)의 정, 그리고 이강회와 문순득의 관계를 통한 뭍 손님과 섬 주인의 인정(人情) 등을 확인할 수 있었던 소중한 만남의 시간들이었다.

2008년 7월, 초여름

이호방사탑이 보이는 골왓마을에서

현 행 복

색인

〈ㄴ〉

〈ㄷ〉

〈ㅁ〉

〈ㅂ〉

耽羅職方說

相彬不敢入舊伯之出海也憤之捕載儉至前曰爾若居濟〻其亾矣我今捕汝至京啓 廷斬首送至濟中以快民情於是相彬及載儉之親諸老吏相与緩之決棍三十度伯既出海載儉訴之新伯仆殺相彬相彬之妻子陳其寃並拘之令不得出獄盎畏其鳴寃○案濟民亦無福之甚者也道哲降濟海死益剛竄相彬殺甚矣濟民之無福也

〈59〉

耽羅職方說卷之一

一八一九年純祖時

北海 李綱會 輯

竊稽周官職方之法掌天下之圖以掌天下之地辨其邦國都鄙四夷八蠻七閩九貉五戎六狄之人民與其財用九穀六畜之數要周知其利害夫是職方之記乃後世一統志之權輿也今我濟州雖處絕海乃中古侯主之國也又其幅員之廣大不特浦上之國故別記其槩以爲私覽

西南入海曰濟州其山鎭曰漢拏其海曰耽海其川韓奈其利橘柚竹箭其民三男三女其畜馬牛豕狗其穀宜麥稷

〈1〉

菽

州本耽羅古地都東長二百里西長一百里南對山四十里北臨海州環(通三邑)七百里○耽羅志云高乙那居第一徒良乙那居第二徒夫乙那(夫或稱浮)居第三徒今則通環三徒以爲城城周十里南東西三門北背海(無門也)南對漢山城上置路可立二軌路便騎馳路下環作軍路以便步隊州人尚以一徒二徒三徒名其里

自王城南距康津八百八十里自康津西南距達梁八十里自達發船候風於素安露苛二苫之間抵于楸子苫自楸子苫直抵于禾北浦海路約七百里北極出地

与漢陽相差六度有奇是必天度与中原之荆淮相直故我地橘惟産濟(如中國之惟荆淮有橘)○案此即耽海道里之大槩也誇者以涉水千里爲言然聞之耽人自朝天禾北遇巽風朝發至達梁日尚未暮云安得千里之海一日可航乎實直路多不過五六百里而已則其差極亦不過六度而止矣

漢拏山一名瀛洲山山高十餘里(自州城南門至山側二十五里有竹城洞自竹城至山頂二十里有白鹿潭然直高不過十餘里)頂有白鹿潭其周十餘丈自山頂東北下五里有將月潭而大路直達于上頭○案嘗余登沃州塞巖苦墩臺之上東南雲際依俙望漢

〈3〉

山巔山之最高嶢者也其山形正如鉢會(鉢盛飯器會其巔也)四圍山麓走爲石砦流入洋中至三二十里其形正如蜈蚣之足蒙衝大艦無由闖入故負険内固以自守備外敵無處内逼此眞天塹之地也(詳見泊船録)其山峯有九十九峙御丞峯(在州北)石涅峯(在州南)節月峯(在山南)任述峯(在山北)丹奈峯(在山西)鉢里峯(亦山西)東武峯古妙峯即其最特者也游人翫者際日清明數旬可賞若雲圍霧深三朔爲限山高巔迫冷天四月雪斯始融六月非縕絮不可躋臨上頭

眺海北抵達梁七百里東望与徐苫(在興陽)西望可佳苫

(在羅州屬)南無遮望之際海洋西風則憂漂日本北風則憂漂中山蒸土人之所忌也○其爲海四嚮離三十里外始水深百丈蒸準釣船鉤絲之長也東海比西尤深○韓柰川自白鹿三(洋于)所場也(牧地)爲韓柰川迆注于州城西北長流四十餘里西入于海廣可三十丈川入海滙爲龍湎池周五十丈深可百丈旱則祭沈爲濟伯游宴之所○案韓柰者方言之大川也此爲濟川之最大其外又有都近川(在山西)別覩川(在山北)蒼川(在山南)天池川(在大靜)霧川(在旌義)諸名不可盡記

其橘柚有唐橘霜橘金橘洞庭橘(酸不堪食)山橘(爲陳皮)青橘

〈5〉

爲青皮　枳殼諸種置果園四十四樊立果直樊每三家以
課種諸橘充其　國貢○謹案通編工典栽植條云濟
州三邑柑橘枳木每年栽接榧木櫨木山柚子二李木
定旁近人看守歲抄具數啓　聞○又曰濟州等三邑
稀貴果木令居民栽植培養考其勤慢賞罰勸懲柑子
唐柑子各八株乳柑二十株洞庭橘十株栽植者復戶
唐柑子唐柚子各五株乳柑洞庭橘各十五株栽植者
給綿布三十疋
其竹箭州城西距六十里有明月鎭鎭下水程十里許
有飛楊苫周回五里養竹以充軍庫之矢

三男三女者耽羅初無人物有神人從地湧出長曰良乙那次曰高乙那季曰夫乙那獵海邊得三女及駒犢五穀種分娶之後高厚高淸(淸厚之從子)來朝新羅羅王號厚爲星主賜國号曰耽羅今州城南五里尚有三神穴穴形成品字州人立祠祀之○案近日耽邑高梁之戰作一朋比之鬨蓋耽人以爲三神降生高則爲君良則爲臣夫則爲民故立祠之初以高主壁以良主東壁以夫主西壁百世奠祭矣近日高微梁盛乃易其位次主降臣升變改耽羅舊志至於兩家絶姻廢戚

其民田無結束之法無田案無　國稅○其牧場馬不

〈7〉

游養處隨起執稅隨陳免稅濟伯之食上田粟種一斗年種

田爲十斗者收粟十斗中田粟八斗下田粟六斗

其屬縣二其鎭防九其軍一軍其牧元苞十場山苞三場

砦苞三場

大靜在州南百里地廣東長七十里西長六十里北至

山五十里南至海十五里縣置監其坊三其城周 里

城制如州○旌義在州東百十里地廣東長九十里西

長九十里北至山四十里南至海二十里縣置監其坊

亦三其城周 里城制如州○案濟本耽羅古都其屬

縣十有六邑故茲採以錄作爲文獻之徵

朝天縣 在州東三十里 今鎭

金寧縣 在州東六十里 今左面地

咸德縣 在州東四十里 今左面地

別防縣 在州東百里 今鎭

都近縣 在州西二十里 今中面地

貴日縣 在州西四十里 今新右面地

涯月縣 在州西四十五里 今鎭

歸德縣 在州西五十里 今舊右面

明月縣 在州西六十五里 今鎭

頭毛縣 在州西百里 今舊右面

〈9〉

遮歸縣 在大靜四十里 今鎭

毛瑟縣 在大靜三十里 今鎭

中文縣 在大靜 里

西歸縣 在旌義七十里 今鎭

衣貴縣 在旌義

水山縣 在旌義二十里 今鎭

案耽羅雖是南蠻附庸國之其所錫邑名頗能雅好非仇知只山 今金溝 只伐只山 今高山 之號意者此邑之名亦自新羅景德之改號而正其蠻俗之陋也

鎭坊一日明月鎭在州西六十五里獨浦上置萬戶萬

戶以土武弁爲之二曰禾北在州東十里三曰朝天在州東三十里
四曰別防在州東百里五曰水山在旌義東二十五里六曰西歸在旌義西
七十里七曰涯月在州西五十里八曰遮歸在大靜西四十里九曰毛瑟
在大靜西三十里皆置助防將土將校爲之鎭皆有城城制比
州皆有軍路○案我國諸州未嘗置城上軍路此豈非
濟之所蓋乎
萬二千五百人爲一軍其軍有馬兵束伍二名置左馬
隊右馬隊隊有別將俾率三部置中部左部右部部有
千摠俾率六司置中左司中右司前左司前右司後左
司後右司司有把摠俾率三十六哨官哨下有旗旗各

有摠旗下有隊隊各有將隊下有書記記總卒○其鎭
防防卒以防將馬[illegible]以防屬馬卒視防人小置師二千五百
人置旅五百人置卒百人也○其城丁之法毋論大民以戶
版之數皆隷城丁臨陣對敵以一軍當之其城丁入係
城守者故謂之城丁○案大司馬制軍之法萬有二千
五百人爲軍王六軍大國三軍次國二軍小國一軍今
間濟之置軍乃倣周制意者耽羅古制本倣周禮仍以
襲之者也
牧地元苍一曰一所場二曰二所場三曰三所場四曰
四所場五曰五所場六曰六所場已上在州界七曰七所場

八曰八所場（已上在大靜）九曰九所場十曰十所場（牛馬並屯在旌義）

場在平地置元苞監牧官州倅（判官也）兼有之

其山場上曰上鹹場中曰中鹹場下曰甲馬場（在旌義境中）

古有金（闕其名）養馬千匹以貢于國仍置三場以金氏世

襲牧監之職○案此乃周官以牧得民之實效也如金

氏者功不下於秦非矣

其岩場一曰甘波苫在毛瑟鎭下西洋二十里養國牛

千匹二曰牛磨苫在別防鎭下十里養馬二百匹三曰

飛揚島在明月鎭下十里養犧羊以供聖祀今無有

其私苞無牆惟牧子驅牧公馬萬餘匹私馬富者多養

〈13〉

百匹貧者亦十餘匹騎馬農牛繫養而無火食之法餘則放牧

其貢馬每年三百匹式年加貢五百匹有 正朝貢誕日貢〇其貢黑牛每年三十四頭州牛二十頭旌義六頭大靜八頭用共犧牛〇案大典廐牧篇見兵典 曰濟州旌義大靜各牧場體大馴良有才色馬作騸調養遞來官進上牧使判官各三匹縣監二匹不合御乘則以制書有違律論〇濟州上來貢馬中路病留該邑守令不善救療徑斃者過年不卽上送者依分養故失例論換納守令自本寺入 啓拿處〇戶典進獻篇云濟州

子弟進上雄馬一匹 上等則給米二十石中等雄馬雌
馬則各十五石下等雄馬中等雌馬則各十石棉布相
半給 增今廢
其船泊之所灘淺港狹不可方舟竝入故濟之所以爲天
塹而敵不能外闖者也
濟無戰船惟有私船將近五百然其下猫植矴之所在
内港則非大舶之可能外洋則波消險巇故濟雖海國
本無兵船又無水軍然明審海洲之疆域者不知外入之
海路則不可曰知也玆採泊港分州之東西錄之如左

自州城東距船泊記

〈15〉

自州城東距禾北浦十里

自禾北東距十里爲朝天浦

自朝天東距十五里爲北浦

自北浦東距二十里爲金寧院

自金寧東距十里爲魚登浦

自魚登東距五里爲無等浦

自無登東距三十里爲別防浦

已上在州界

自別防南距二十里爲終達浦

自終達南距五里爲新達浦

自新達南距十五里爲水山浦

自水山南距四十里爲心石浦

自心石西距五十里爲西歸浦

己上在旌義境

自州城西距船泊記

自州城西距道頭浦十五里

自道頭西距五里爲君郎浦

自君郎西距三里爲貴日浦

自貴日西距十里爲嚴莊浦

自嚴莊西距十五里爲涯月浦

〈17〉

自涯月西距十里爲福德浦
自福德西距五里爲潛水浦
自潛水西距五里爲獨浦
自獨浦西距三里爲俠才浦
自俠才西距十里爲版浦
自版浦西距三里爲頭毛浦
己上在州界
自豆毛浦南距五里爲遮歸浦
自遮歸南距十里爲頓浦
自頓浦南距十五里爲毛瑟浦

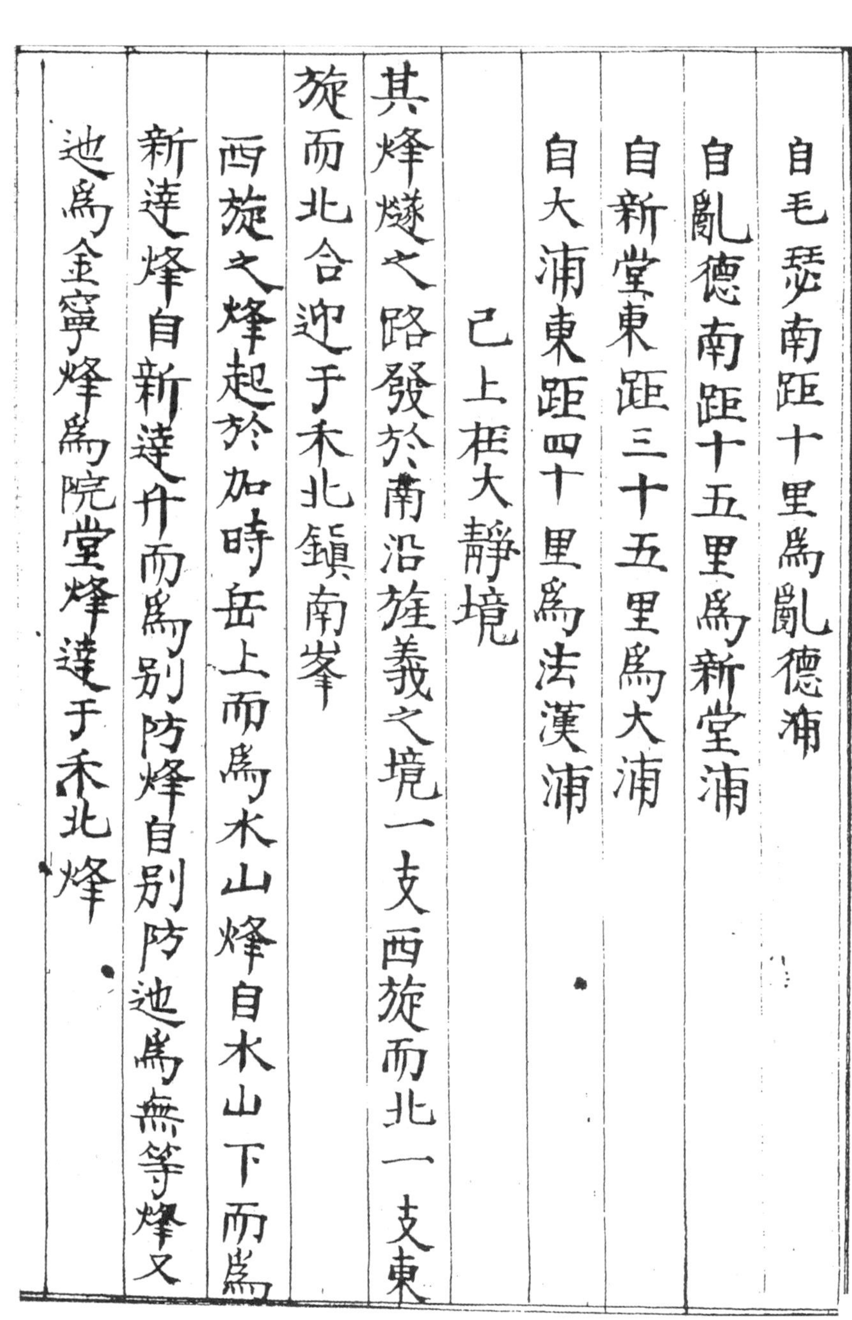

自毛瑟南距十里爲亂德浦
自亂德南距十五里爲新堂浦
自新堂東距三十五里爲大浦
自大浦東距四十里爲法漢浦
已上在大靜境
其烽燧之路發於南沿旌義之境一支西旋而北一支東旋而北合迎于禾北鎭南峯
西旋之烽起於加時岳上而爲水山烽自水山下而爲新達烽自新達升而爲別防烽自別防迆爲無等烽又迆爲金寧烽爲院堂烽達于禾北烽

〈19〉

其東旋之峰起於安坐岳上爲西歸峰自西歸旋而爲
高空峰起爲羣山峰爲毛瑟峰自毛瑟起而爲晩櫛峰
迤爲道來峰又迤爲遂山峰又迤爲道頭峰上達于禾
北峰
其邊有上臺路有下臺路 上臺路者山際十所場之路
也下臺路者沿邊九鎭防之路也

上臺路記

自州城東距五十里爲二所場
六十里爲一所場
七十里爲山馬場有橋[illegible][illegible]舍

七十五里爲十所場

八十里爲九所場

一百里爲八所場

自州城西距二十五里爲三所場

四十里爲四所場

五十里爲五所場

六十五里爲六所場

七十里爲七所場

一百十里爲八所場

下臺路記

〈21〉

自州城東距十里爲禾北鎭

三十里爲朝天鎭

六十里爲金寧院

一百里爲別防鎭

自別防南回三十里爲水山鎭 旌義境

自水山南回三十里爲旌義縣

自旌義西旋五十里爲西歸鎭

自西歸西旋六十五里爲天池川院

自天池西旋六十里爲大靜縣

自州城西距四十里爲涯月鎭

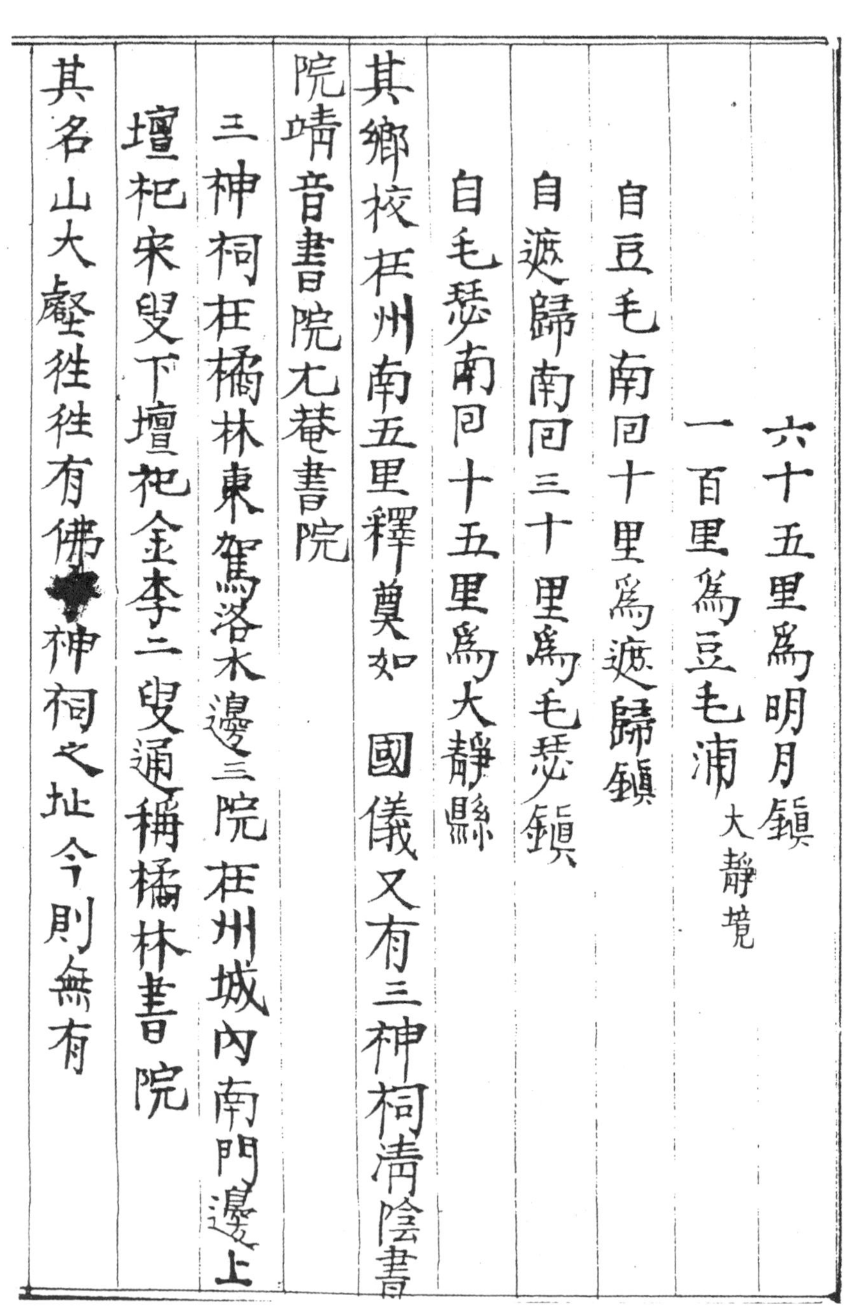
六十五里爲明月鎭
一百里爲豆毛浦 大靜境
自豆毛南回十里爲遮歸鎭
自遮歸南回三十里爲毛瑟鎭
自毛瑟南回十五里爲大靜縣
其鄕校在州南五里釋奠如　國儀又有三神祠靑陰書
院晴音書院尤菴書院
三神祠在橘林東駕洛水邊三院在州城內南門邊上
壇祀宋叟下壇祀金李二叟通稱橘林書院
其名山大壑往往有佛[illegible]神祠之址今則無有

〈23〉

諺稱耽羅本寺刹五百餘神祠五百餘中古有州官金緻命一日放火燒盡寺刹及神祠如節月寺山方菴之類是其遺址也節月在漢山南十里。山方菴在大靜南十里海際有三稜大巖特立五百餘丈圍幾五里下有石室尚今金佛存焉

其淸賞勝觀多在池潭山惟處海望其漭洋而已

白鹿潭在挐山上頭潭形如鹿周一里深二丈　將月潭在挐山東北下五里周二里深無底

龍淵池在州城西門外一里海際周一里深無底　杜郎溝在山腰五所場內有大川貫在巖竇成溝周二十丈深二丈

山方岳見上

金寧窟在金寧院上有石窟下通外几內曠深入不知幾里內可隱萬人

其倉庫州四倉旌義大靜別防明月各三倉西歸二倉三
邑會付穀畧二萬石也又有別儲穀萬石爲民大敝今則
自祛
州之三邑民戶畧四萬戶人口通大小男女畧二百萬
口州之荒凶年凶則夏而開賑秋凶則秋而開賑其賑
荒不足之數請于 京師例也往在甲寅之秋州甚大
無自州請粟萬苫因值風高外船不通內粟之絕以故
冬末春初餓莩載路惟我
先王每日南顧綏遠之策俾盡其方其後丙丁戊己庚五
年連値大豐際是穀賤之時特 命濟伯別備萬石米

〈25〉

名之曰別備穀若值比前甲乙之大凶元還盡分外粟未到須開別儲之庫以賑之 聖教如是懇惻故別儲之米所重自別於是以精鑿極品之米納之而別米萬石分三次三年一改色以爲播定不易之法米在庫中經過三歲雀鼠蟲蛾耗縮已半極南烝濕歲月以腐於是一石之米歎無一粒之可哺十年之間民之白納數十萬石耗上加耗之故也其爲敝雖甚如此然臣民之不敢開口言罷者伏念 聖意之本出救荒也逮于己巳南沿大饑自 上特命船移別儲之穀賑賙內民故濟之大敝自祛無有

其私商出入之船嚴立幾征皆泊閱于禾北鎭然後乃得
出外
濟之諸船不隷均案有都船所州營摠之有都船色營
吏爲之凡漁採之船以其漁採之物收其稅貢凡外商
之船每船貢十五升柹一匹然後乃得出船其在南東西
三四百里外沿之船必曳舵回帆達于禾北浦厚賂船
色然後始得放舟以故船色爲齊腴任◯其外來之商
亦不敢移泊他洲其貢額每船納十五升柹一匹木手
一口收米一斗烟茶一丈然後始得受出出船記◯其
或風惡帆逆徑泊他洲則洲管防將親來問情點考閱

物報于都船所自船所命該防將護[illegible]于禾北收稅受
賂然後始得商焉○其國罪流濟之子姪旣入禾北若
不行百金之賂于都船色則令還逐于梨津○其濟人
流外之子姪將出此海若不行百金之賂于都船色則
令不得出禾北○案此一大敝也內商之吏舟濟洄于
數三百里之海沿者非王政也外船之計口收稅者非
王政也罪人之子雖幾出入然至於受賂者亦末俗之
敝也此一貪吏之體旣招商賈之大惡又防骨肉之恩
情是豈成說乎父母遠謫絕海生死旣不可詳千里千
里行陸千里渡海依俙望拏山之色人子心懷已極慘

悲旣及近之自喜于心曰今日某時可得与吾父痛哭相面以此一路之必慳曾未下陸朱衣怒棓亂勑船人截纜反舵逐之至半洋而回當其時也山川草木皆是殺惡之氣也貪吏之不可与比於人道論多如是矣

地産

諸橘 芝栭 山柚 青橘 枳 二季木 無患木

松 竹 榧 蘿 梔 栗 橡 柰 黃柰 山茶

海産

王頭魚狀如鱸大者長一尺餘 石頭魚 烏賊魚 鱈魚 鰒 蛤
海蔘 甘藿 青藻 紅藻 青角菜 牛毛菜

藥產
鹿茸 牛黃 陳皮 青皮 枳殼 檳榔
農業
大麥 小麥 諸稷 稊稗 大豆 小豆 山稻 木
棉
紅業

麻葛棉

商利

竹凉臺 緵巾 木烟帒 柚梳 馬尾 馬鬃 諸皮

革鬚兒

〈31〉

〈32〉

耽羅職方說卷之二

海北 李綱會 著

相贊契始末

案此編無關職方然此馬州之大獄故畧以所聞者記之以俟君子之正筆夫旣骨之冤魄縱不得伸未破之契窟不可滋也濟者天塹內固之地也彼輩之驕奢淫泆極於所至則必生泰濫西州之多福洞即耽邑之相贊契也大抵南邑之吏强殆猶甚於濟田魯桓者厥己久矣濟之相贊契是吾之大憂也

濟州有相贊之契相贊也者以類贊助之義也濟吏有三

班一曰鎭撫吏二曰鄕吏三曰假吏合三吏八百餘數也四十年前吏業貧殘微弱無比矣庚戌辛亥之間有一吏倡言曰吏者理也吾儕秉手刀筆身賤役勞終身趨赴於人下竟無一產之傳子豈爲環七百里大州之吏而困貧如此乎雖然惟我獨富不若與衆我富而衆貧衆通指三吏也雖富亦何爲言獨富則衆貧皆啄之不得保其富也於是束三吏三百之數一乃心一乃力相与贊助約曰天下之神果是何物聖人不足神也道人不足神也佛人不足神也惟錢是其神也何爲其神也小則使人大則使神而能使神者非神而何然則聚神奈何聚之有道得道者多聚不得者不聚聚果有道

雖匹夫赤手古有三致之法况此州之大乎夫區區立本爲逐什二之末利人生幾何寧爲是杳杳冥冥高遠之事哉於是相贊契聚神之竇歟金馬○案此地運所關也吾嘗恨南吏相贊之法曰不出十年民其盡爲吏俎之物乎豈意海州又生出來此法乎不幸哉南之民也不幸哉南之民也○變錢稱神者濟本無錢出陸行錢入海代布指使如鬼故通謂之神

聚神之竇窟如節竅窓如革孔豁如城門微忽不遺巨大莫逃東簷放火者西隅滅之南川漬水者北邊防之張如篙矢攫如鷙鷹爪四面羅網上下四方皆入於柷牧田之

起陳州無田案懐田馬、不游牧處起者括之藿地之収税藿一束定爲十七斤牛通納幾百束
民納者非四十斤不可
山訟也地訟也軍簽也牧役也牧子者濟役之極賤者也
以冨民之見忤於契隊者降充其役則九族咸羞故雖破家賣身不計千萬期於圖免牛庖之金罰
馬弔之贖刑酗酒之禁亂不孝者不睦者凡如此者降定牧子末乃受賂
帷薄不修者良民富冡之女或有桑間之事一言外播已充官婢則九族咸羞故不計破家蕩産期於
圖免屬縣之褒貶旌義大靜屬鎭之褒貶明月朝天等倅府之公事官[illegible]
也議送之債非理之訟縣鎭之執頉風約之恐愒風約此作於其
隊則故爲生事隨其大小以括之皆是契本也其最奇貨乃外來之商賂
也其最腴塊乃坊將之冒差也利不可獨食或攘什九彼
給什一彼乃檷印者也若都剝食狙鯹彼必不嗅彼指耽伯之貪者

嗅之將奈何美嬌姸姸者是也○案智竇奸穴穿則妙矣
游詐運秘去益精矣於是民皮剝盡民肉剔盡民血渴盡
民骨碎盡四盡之至契獻大成神法行矣
於是擇智謀出凡者擇權威備具者擇妙奸伸縮者握其
契欄上自通引吸唱房子外至軍奴使令孥長及三班將
校厥黨之伶俐者相與贊助乃成厥謀夫消盡男子之鐵腸
者嬌也磁出貪夫之鄙欲者利也嬌容妖服曼睩娥眉鮮
姸之態婉晚之言角枕之上錦衾之裡情諭忠提曰始是
則利於使道不如是則不利於使道如是則有利而明爲
使道不如是則無利而敗歸丁寧伸告語則有理矣情則

〈37〉

己融矣暗暗中宵自己揣摩則千里離家千里涉海爲此
苦狀月捧牧稅牧地之稅上營食之盡入於京朝之問存焉髮薹斂盡
入於親姻之求請三年謫此一產未營妻子困苦情[illegible]未
嘗飽也饑死亦無義也府中秘密之事羽翼已成寧鄭對
前之盤乎又粧二嬌誘其寵裨誘其寵冊裨亦同腸冊亦
同肝嬌兮嬌兮能磁出此肝腸則其身奢美其身安榮郎
也子也同享其利於是日夜祝手時刻顒瞻伺之察之戒
之命之曾未數月果然墮之於術中矣相欣相賀曰妙妙
哉奇奇哉好哉好哉得矣得矣陰陽相合爲鬼爲幻一城
慶喜萬民水火○察莫見乎隱莫見乎微民至愚不可欺

人心至⿱雨弱此三事爲人牧者尤所講磨者也乃嗅此一俎

殘鯉坐爲豺虎之隊將 聖朝向化之民齧嚼欲無遺子

畢竟[illegible]不生出來梁濟海乎

於是達梁之留神萬萬營郎之留神萬萬京郎之留神萬

萬又此億億萬萬之神有母息子(息錢謂之子母錢)母神雖死(言用

之也)子神生生不窮不盡於是乎厥神已百億萬矣濟伯之

新下也京城之用京神供之完營之用完神供之達梁之

用達神供之十萬不爲多百萬不爲渴伯未入海已醉眩

於三神矣旣入鎭府數月伯也眉顰頞蹙憂愁在中時正

渴悶之際(言自京引用之物以未酬之故正憂愁渴悶)吏眼已慧矣一夕俯伏

〈39〉

於窻下曰京營引用下記令馬幾萬數此物區畫恐恐者下吏

敢言之辭有一策某防某甲冒差鎮將冒差者只受差帖不爲行公者也某徒

某乙冒差千摠合除身役以某吏差出船色以某校差出

軍監指此數十片白紙忌此幾萬數加下之意惶恐敢達

於是餓之顰者慼者憂愁者渙乎其釋正如盛夏病熱之

人倒傾一壺之醍醐者焉於是吏爲忠吏奄作腹心（案

一匙狙殘流毒萬姓李道喆之三次情寃寸功未得施運

所係李亦柰何

於是吏既以鍼之鈎鈎得變化之龍矣興雲興雨任渠指

使夫朝天禾北之間所泊商船歲幾千數商旅惟譏聖人之

大政也乃今視其物貨括之剝之惟充渠欲欲若不充嚴
立販貿之禁一人見忤萬商束手商旣深入閱月苦勞業
空船出海本旣半鋪言米柿之尾泉己多鋪於民間収亦不給二朔三朔
鄉思正鬱北望悲歎萬金千貨而無所貴於是入羅網從
上下從四方者皆外來之商也同同馱納柿五十匹日同苦苦任
運米包日苫柿山米阜一朝之頃已岧嶢數十丈其隊之奸謀妙
訣雖管氏脊茅之法蔑以加矣厥怨何及利則吏括辱則
伯苹伯兮伯兮何多愚也○案數十年前外人之商於濟
者每獲十伯之利矣近之不能如此者蓋由此也若自國
營造數百艘立法如番舶之爲設[illegible]於達梁之府禁私商

〈41〉

之法非但彼隊不得售奸在國家顧有愈於白骨之括布
顧有愈於殘佃之括粟矣弘羊安石雖云言利之小人其
志蓋本於賦不欲橫出稅不欲橫徵也寧不恨哉
於是鱗鱗瓦屋高堂邃宇層檻累榭窮奢極侈龍須之游
橘林之賞將月之會淫樂珍食室中之觀多異多奇體上
之服皆輕皆煖手足相捍罪惡自隱神鬼相衛漢山可拔
妓房聚謀肥牛之腱充溢銅俎軍廳會隊蓉城之霞滃溶
尊彝裨廳冊室送其餕餘菊[illegible]之[illegible]鳳尾之鱅(鱅 鮒魚) 王城
之目未覩異域之口所適翠鸚之梧綠蟻之香多情滿酌
者誰家之嬌○案此契始於辛亥壬子之初大於甲寅之

後至壬申癸酉之間虐民無所不至生民急於水火故梁濟海等詐之謀及焉

濟海之獄李察理到州訊益剛畢益剛因言相贊之敝察理曰諸邑之有相贊契者其邑必亡吾當碎之仍命該事書吏廉問根因都執事洪汝直言于書吏曰千里異域廉問甚難往某坊尋某甲問其源委往某徒訪某乙問其曲折因記數十處以給之洪益契隊之人也所謂甲乙都是契隊之心腹也所謂廉問皆是渠黨終未得實察理知其所由汰去汝直以高遇泰爲都執事高廉直人也明知根因而怵於濟海之獄不敢持異一以洪之所指指示之察理

以故無可柰何契不得打破○案含口囚古亦是保軀之一道然世人都〻是高遇泰則民將何恃近日完營之廉客亦以此故貪官爲廉能吏爲愚民生此厄吾不欲索言

李道喆傳

李道喆者州之鎭撫吏也爲人廉直兼有慷慨甲寅以後契焰倍熾時州初經凶年死亡相續軍丁盡屬虛簿當改簿之日有車興道者以州之世族家貧無以爲賂降定牧子車有一女尚未婚州法雖稱世族既入牧役其婚例降於牧其女恥之自縊而死其寃可知李慨然曰此契不碎濟其空矣時甲子春李自備資糧徒步上京城呈于備堂

其條列吏契之欺者數百餘言矣自 備堂關下濟伯以爲
查實濟伯已眩於契神矣覈李反被誣上之律明年乙丑
李又呈之自備堂更加嚴覈又被誣刑明年丙寅李又訴
之於是備堂嚴詰之曰彼非狂夫三次稱寃何如是甚必
有委折李既受關畏不敢渡海行乞於耽羅之界只將寃
情送于州營濟伯舊眩未霽新神又眩指李以狂悖彌縫
還報於是李之家業蕩殘於此妻子親戚咸怨咎之李乃
無面渡海三踰年未還矣契隊相与計議曰道哲吾輩之
讎也雖然厥命尚全於外陸不無後慮際此貧困之時招
以納降以利誘之可以息患矣於是令其族妻折書于道

哲道哲旣入[illegible]之妻子流乞姻族蕩殘無与爲生於是泣而從之令作契隊之首○案一死何其難乎道哲其州之種氣獰壯者也不然豈敢与虎狼爭鋒至三次之遠許乎末乃移之於貧賤何不早講於輕生之義哉然豈其心也哉昔李陵之意史遷盛言之矣吾亦深有所望於道喆矣

梁濟海傳

梁濟海者州之鄕官也生於庚寅禍於癸酉月十一 年四十四梁本濟之世族也爲人好公平廉愛民然家貧未學文未績字矣家在州之中面巨馬村四仕鄕監再察防憲吏亦稱之契隊皆敬憚焉州法防憲爲一坊之長有憲所憲

長居之大事達府小事自斷時癸酉春濟海任中面憲長
旣半年民皆道之州法自府有坊事察理之端必下帖於
坊憲知實枚報則坊憲回諭一坊之里指日相會從公實
枚報例也時十月晦濟海因公事聚會諸里多人論其虛
實枚報諸畢里多人相聚而告曰此吏奸民敝如此如此日
徃月甚民將盡劉令坊憲旣爲坊長又聞使道明察吏事
志在爲民此正其時惟坊憲定計濟海曰吏之奸窟惟在
打破相贊契然後民可生矣然爲其狀首者初頭逢辱此
坊有能爲此狀首者乎衆曰惟坊長然後可矣濟海曰然
則得善文者草狀來我將爲民一死言訖而罷然姑未定那

〈47〉

日等訴矣有尹光宗者金載儉之傔也載儉契隊之欛柄者也直夜尹往告于金曰子輩之所以富豪當陽者以有契也今 日梁憲与民相會左袒打破以死爲誓子輩寧不危乎金愕然曰吾知梁矣通一州人民熟知此契之根穴者惟梁一人而已吾輩每欲引此人納之契隊萬不可募得常常畏謹矣彼旣左袒彼非食言之人也雖死不屈吾儕其盡爲渠之刀俎乎我神雖衆神無所售事已急矣若緩圖輕施法無所措欲故擧他事而無明罪將何爲裁即夜招隊与計曰事機如此若於致法之 日以輕勘之萬一彼[illegible]注出契事反受其害禍將不測不若以重難之事怯

狀於府也咸曰我輩之骨黨幾何盡死無義事已至此殺他而生我不亦善乎直夜潛搆尹光宗告變之狀白于州伯時已三更府燭已滅妓睡合濃矣潛開東西二夾門入百餘吏一時齊入諠譁之聲徹於幄裡明晣之炬爛於堂下吏把告變之狀佯爲懼怵恐怯之狀以讀之伯睡初驚浮魂尚未返神矣因知依措曰將若之何將若之何吏曰事甚急矣火緩不可圖也方乘夜闌襲捕爲妙矣伯於是發卒圍其家齊海時方獨宿齁鼻如雷矣擒捕入城鞫之庭下問曰爾是何人乃敢謀變梁苫人也未習聞謀變之爲何事兼未績字未嘗解謀變之爲何意千萬夢外毒刑加身

〈49〉

左右三棱杖治盜棍攔擠如杵梁魂已浮矣梁曰謀變何
言謀變何言伯曰爾爲謀變之元凶寧不知謀變之意乎是
詐也更加毒刑於焉之間吏輩囑之棍手急擊鶴膝欲
先滅其口也猛擊且厲口招如前時受杖已百餘度矣伯
又問曰汝於今日亦無聚黨所謀之事乎梁乃悟之因以
民激等狀之由從頭打將來說到一遍又以相贊毒民之
弊從頭打將來說到一遍曰此外死無所議伯無由得實
因下重獄守獄之[illegible]嘗受德於梁者也隱憐之解其枷縲
定屋同宿矣濟海既受毒杖料不可生又念其寃恨徹玄
霄直欲投水而死夜推戶出徑向川去時方隆寒川源涸

〈50〉

渴無處莚身憤哭騰天一城擾驚校乃視之濟海不存惟聞遠遠號哭之聲因追而執置之厥明盡拏來坊會者三十餘人一一訊問竟無所實於是濟海縣枷頭竟死獄蓋相贊隊之滅口也因以謀變告于朝廷朝廷遣察理使李在秀益擇之也察使之來也知獄如神民歌謠之曰天降仙官濟此冤民其令日令此獄因皆蚩蠢愚氓無足可論此獄之起也物故者八人論者十人餘三十一人全釋之可謂平允雖然所謂相贊契只舉其實窟穴莫勦豺狼當道安問狐狸○案濟海以身死族亡惠於民者也予家對耽海慣聞耽事方濟海之獄也耽人[illegible]傳說曰濟海

〈51〉

令世之項羽也一日三周漢山每登漢山之上頭暗習八陣之法家養驄三百匹神銃數百柄弓矢山積於家利金暗蓄於庫察理之在京也又聞耽人之言濟海以銕牆環階以金鋪後聞之馬家養惟一騎梁本攏鹿以供親餕故惟一散銃存焉銕牆金階之說察理遣親裨審其家惟瓦則新縫矣推此諸事攻城殺吏之說[illegible][illegible]賛契游神之爲也察理之令亦可見初政矣其死雖寃此獄之後契隊亦皆藏頭匿形畏首畏尾四五年來民不見吏一苦少安豈非惠民之大者乎爲濟民者何不一祭於其魂撫存其孤乎吾聞耽人恥以廢族凡梁之親姻不欲與胥吏又陶之

於賤役蠻俗何其過矣

金益剛傳

金益剛者本金官之裔也其先當癸亥之後奉昏朝入海仍居焉益剛亦鄉官也州法擇鄉官甚淸眞外妻三黨皆爲鄉官兼有威望然後乃得爲鄉比國之弘文錄焉故其人器過与南鄉之爲吏傔徒弄丁換穀者不啻天壤矣益剛其最著者也故五任鄉監一經鄉首民戴愛之府中稱廉契隊亦畏憚焉梁獄之起也吏謀曰益剛濟海之切姻也一廳周旋情同骨肉旣己除梁不究於金吾儕生不爲生矣於是拘捕至庭將刑州之梃手皆与泣下曰吾儕

何敢加棰於金鄉首乎吾輩雖死所不忍也援杖半日無一人敢入者於是招旌義之梃手時二邑相會府杖之杖之十二竟不首實吏以傍音加手金乃扯裂曰前雖無罪今之扯此死猶無惜請急殺之伯無奈何下獄囚之吏以三大之枷納之於項別擇四壁風雪之獄絕其飲食飛鳥不通七十二日益欲飢於食病於冷壓於枷急急滅口之計也然獄卒或累石於枷頭枷不令下迆以致壓也獄校或抱餅於懷中夜半必食之曰某徒里濟邑里一徒二徒三徒稱焉某酒媼送此以救某徒里某老婆餇此以餽如是七十二日飯不入口惟夜半所餽餠飴之物皆州媼之所隱救也獄卒以累石之故累經

契隊之叱華終不毁石一日營裨親審毁石曰重犯之囚
枷頭累石何爲如是怒棓獄卒血流成海益眩於契神者
也裨旣旋步又累其石曰我等雖死何忍見鄕首之壓死
枷下乎其善聞之入人深可知也李察理到全州安護罪
人之令至焉始得溫房保宿凡七十二日始得見子面契
神之防人骨肉至於是矣察理到州嚴訊不得首實益益
剛之女濟海之婦也以故謂以知情定配遠島時年六十
一○案吾嘗讀南鄕之陋卑不忍正視如益剛者其人器
如是不覺濟州有此等人也吾聞之文天初號菴丁公謫
在黑山見益剛奇之大託心契云故吾又延見眞非單薄

〈55〉

外視人也後之人其母侮齊人也

李察理傳

李察理名在秀延安之人也濟獄之出也 朝廷擇而遣之是獄之起也契隊期於屠戮世族殄殪異黨凡獄因絶勿飮食飛鳥不通既渡海知事如神民謂之天仙下降如崇蠢愚民之令感入骨髓還其籍収一無所遺捧招刑吏全光祖嚴刑一次嚴棍十五度禮裨以明月萬戶銅臭之差嚴刑一次徵贓兵裨以山馬監牧銅臭之差嚴刑一次徵贓軍校呂永孫以幻弄軍丁作民斂間嚴刑照律鄕所鄭元集處決永孫之罪嚴刑照律又招三邑大小民人諭之

日濟海本非逆賊何爲去姓大民則倶姓呼之小民則稱以梁寔不可斥號此其大畧也益剛爲余言◯案相贊契之至於此極察理姑未知故不得核根此其恨也

尹光宗傳

尹光宗者金載儉之僕也濟海之獄光宗其變者也以其◯功特爲明月萬戶未到鎭在城病癘州法病癘者養于城外之幕光宗居幕死之其妻時病其子際狂尸無人斂竟爲州狗之所磔食◯案此可見天道也神道寧不凛凛乎哉後世之有光宗心者宜鑑之

金載儉傳

〈57〉

金載儉者契隊之最奸者也始起梁獄者載儉也末誤梁獄者載儉也歲丙子載儉得爲副吏房州例舊伯之副吏例爲新伯之延吏新延吏房也伯既盈瓜金當爲延舊伯既習知載儉之性若彼得任民無子遺故擇州吏惟金相彬廉謹讓退不叅於契隊實心隱民戊寅春以相彬爲延吏治送迎新之裝相彬載儉之母弟之子也姨四寸相彬辭不行曰我何奪人之食乎他人尚不可況姨從之間乎稱病不起濟伯嚴杖送之未至京載儉徑往京城連用三神之法達梁神完營神京即神已見上即往新伯之第自立爲延吏已下來到完營相彬始往見身新伯逐之曰爾州之延吏何其多也於是

耽羅職方說

李綱會 著